私藏倫敦

真實體驗在地漫遊

Dawn Tsai | 著

推薦序

Welcome to London the Fashion capital of cutting edge trends. Over the centuries London has become an international hub for commerce and creativity. As well as a banking capital London has generated generations of artists, designers and musicians born through the youth culture that overflows the streets of the city. London is an original town completely International but has still maintained some old traditions and customs of the United Kingdom. Through its melting pot society cultural rules and accepted normality is turned on its head to create a city where experimental images, styles and life style have become the norm. I see many young people that come to London every year in search of finding creativity. London often acts as a catalyst in helping them to discover and enhance their own form of expressing their ideas. I wish the readers of this book a pleasant time during their visit to this great city and that you too can find what you are looking for.

Monica Cattorini

Director of Istituto Marangoni London campus 校長

歡迎來到倫敦這個時尚之都。幾個世紀以來，倫敦已經成為商務和創意的國際樞紐，但它不只是金融業的重鎮，也是誕生了許許多多年輕藝術家、設計師和音樂家的搖籃。

倫敦是一個完全國際化的大城市，但仍保持著一些古老的傳統和風俗。不斷創新的影像、風格、生活方式，融入英國傳統的文化。我每年看到很多年輕人，來倫敦尋找不同創造力的展現。倫敦這城市，往往充當了催化劑，幫助他們不斷發現和提高，表達自己的想法的各種形式。

我祝福每一位的讀者，在拜訪這個城市時，留下非常美好的時光，也由衷的希望大家，都能得到你們所找尋的東西。

Monica Cattorini
Director of Istituto Marangoni London campus 校長

I have known Dawn for 14 years. Dawn is one of the most talented, fashionable and outgoing girls I know. Yet, underneath this intimidating exterior, lies a down-to-earth and fun-loving girl. She is a caring, genuine friend who I can always rely on to have my best interest at heart. When Dawn told me she was writing this book, I smiled to myself, knowing that this is only the beginning of greater things to come. Her unique and artistic way of viewing the world makes her an unquestionable trendsetter, and her immense knowledge of London makes her the ideal author of a book like this. So if you are coming to the UK and looking to have an unforgettable time, I would pick up a copy of this book if I were you!

Folasade Olanrewaju
Doctor at Addenbrooke's Hospital, Cambridge

我認識 Dawn 算算也有 14 年了。Dawn 是我認識朋友裡最有才華、最時尚也最開朗的女孩之一。然而，這個外表底下，躺著一個樸實、風趣的女孩。她是一個充滿愛心，總是真心為我著想的朋友。當 Dawn 告訴我她要寫這本書時，我對自己笑了，我知道這僅僅是其它美好的開始。她用著獨特的藝術眼光觀看這世界，使她毫無疑問的，成為朋友圈裡帶領時尚的人。她對倫敦瞭若指掌，最完美的倫敦地陪非她莫屬。如果你希望來倫敦，擁有一段難忘的時光，就立刻帶一本回家。

Folasade Olanrewaju
Doctor at Addenbrooke's Hospital, Cambridge

CONTENTS

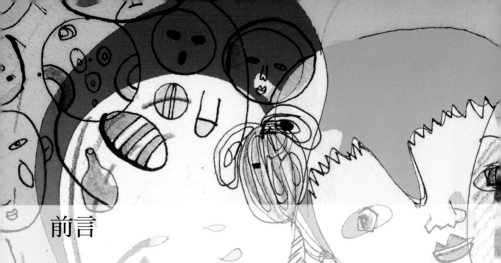

前言

　　小時候的我，個性非常倔強，越打我、罵我，就越不順你的意；「叛逆」是我的代號，「抗戰到底」是我的名字。這讓我在台灣求學的路十分不順利，尤其當我不明白，為什麼要被強迫學習某些課程時，我的大腦會自動關閉。記得那時有一位英文老師，發自內心的認為我是個智障兒，如果他知道我後來在英國唸了個管理碩士，還高分畢業，她一定會抱頭大喊：「怎麼可能？！」

　　在國外所謂的「愛的教育」對我十分適用，他們主張每個小孩都不同，要讓小孩自己去探索與成長的概念，讓我有了許多空間。老師從來不打人，跟學生之間就像朋友一樣，互相學習與成長。我跟一位高中老師的師生情誼，直到現在都還持續著，她伴我渡過暴躁的青春期，徬徨的大學生涯及工作過程，現在我們繼續談著成年話題、生活、理想、藝術……等等，都讓我非常珍惜。

　　國外的開導式小班教育，使我自我求知慾大增，所以在學習上十分的快樂，但是外國人教我最多的地方，是人生中有很多比課本更重要的事，要去體驗、嘗試、生活，當然知識是奠定一切的基礎。英文的溝通問題，剛開始也是一大障礙，但是為了生存，自然而然的跟英國人同化，很快的我就成為了半個英國人。英國對我來說不只是一個熟悉的家，也是我渡過大半人生的地方。

　　很多人問我這麼小就去英國，怎麼中文都不會忘？這要歸功我的老媽，她是位非常好的老師，我跟妹妹從小就被禁止看電視，我們的休閒娛樂，

都在圖書館渡過，也就自然養成愛看書的習慣，我敢說圖書館裡的書，大部份都被我們兩姐妹翻過了。對於書的類別，我不是很挑剔，只要有中文字我都看得津津有味；從傳記、小說、散文、工具書甚至裝潢類，我都照單全收。

在英國只要是有中文字的書，都變得非常珍貴，大家也會互相傳閱。說真的，中國文化的博學精深，完全不是英文可以比擬的，幾個簡單的中文字，意境就不是英文可以形容出來。就拿古人的詩詞來說，一旦翻成英文不但意境全無，還十分搞笑。

英國人最特別的地方，就是即便他不贊同你的意見或看法，他們也會接受這個想法與觀念，沒有人會刻意的去嘗試改變你，頂多會說你有點不同，這就是我最喜歡這個民族的地方。你可以說他們做作，但是我覺得這是他們的一種尊重，而且能讓大家愉快共存的生活方式。在英國的奇人異士，早已令人見怪不怪，我認同獨立個體跟保護稀有團體的觀念，這樣尊重他人的態度，你甚至可以從倫敦街上的服裝衣著觀察到。在倫敦路上，大家的穿著都非常有自我風格，不管你覺得好不好看，他們就是要自己穿得開心，你會看到龐克、淑女、印度風、蒙面族、設計師品牌……等，雖然都自成一格，但是全部走在街上時，卻有一種說不出來的協調跟蓬勃生氣。如果你去過美、英兩地，應該可以深刻體驗到兩者的不同。

我的美國朋友剛到倫敦的時候說：「怎麼街上都是髒髒的老房子？」他不懂這就是倫敦的美，不同的新舊衝擊，不是工廠生產線的統一風格，

就像一瓶好喝的紅酒，隨著時間變化，有著不同的風味。也許這不是大家的口味，但對我這個喜歡老舊事物跟故事文化的人來說，這的確是個令人快樂的地方。

人在倫敦，願意去包容、體會、感受、分享、嘗試新事物，你會看到屬於自己人生中不同的一頁。

書中我某些注意事項，只是一點提醒，不是一竿子打翻一船人，因為很多事需要依當下的情形，做出明智的判斷。重要的是，在國外千萬不要懷疑自己的直覺，有時候相信直覺，會讓你在危急的時候逃過一劫喔！

之前倫敦被炸彈客攻擊時，我也在那台地鐵上。剛好在爆炸的前一站，有一位老太太把衣服忘在列車上，我好心的想將衣服還給她，便追了出去。為什麼會記得那麼清楚，因為那天是我新工作的面試，站在月台上，心裡還在盤算會不會來不及。怎麼也沒想到，沒過幾分鐘，就鈴聲大作緊急疏散，才知道列車竟然在下一站EDGWARE ROAD附近爆炸了，細節已經記不清，因為場面非常慌亂，整個倫敦都停擺。那時候，路上到處都是人，亂成一團像是在逃難一般，地鐵裡受傷、燒傷的人更是怵目驚心，這樣的慘烈景象，直到今天都還深印在我腦海裡。

雖然好狗運的躲過一劫，但是我走了幾乎七個小時的路程，千辛萬苦的回到家後，整個人在沙發上呈現一攤爛泥的狀態發呆好久。這個事件我跟家人只是輕描淡寫的帶過，只要沒受傷就好，不過他們看到這本書的時候，應該會好好的嚴刑拷打我一番……。

8

其實我熱愛旅遊，所以也常買旅遊書。大部份的旅遊書涵蓋很廣，介紹的東西很多，然而對一個初到陌生環境的人來說，反而變得很難選擇，尤其有時候時間有限，很難把旅遊書上提到的所有事都做完。此書中我只挑選自己體驗過餐廳的推薦，給與的評價是真實的體驗，希望有所幫助。

有些資訊太豐富的景點，我就不再特別詳細介紹。寫這本書的目的，是希望藉由我在英國的生活，替大家篩選一些特別的事物去體驗，將熱愛的私房餐廳，提供給大家作為參考。當然每個人的標準不同，期待的條件也不一，就像肉食主義者跟蔬食主義者，對同一間餐廳的評價就會不同，不過我盡量將我的內心話說出來，把你們當成我的朋友般，表達我的意見，希望大家不會介意。

我親愛的妹妹最近錄取英國大學的碩士，剛好跟我陰錯陽差的交換，這也是我寫這本書的動力，雖然我不在她身邊，但希望能藉由這本書，把我長年賃居異鄉的經驗傳給她。最重要的，感謝所有買這本書的讀者，希望我的書，能讓你們快速的切入當地生活，我真的不想再聽到，英國沒美食，都是吃麥當勞這種可怕的旅遊心得。尤其短期旅遊的行程，有些人會因為時差而突然生病，書中，我也雞婆的介紹了緊急救護的地方。不過拜託大家自己小心，不要生病喔！

chapter

—————

1

Are You Ready?

第一次搭飛機去英國已是 15 年前的事,只記得飛機餐很好吃,還有坐飛機坐到屁股痛之外,其他的記憶都有點空白……很多人覺得年紀越小越容易害怕,我卻不這麼認為,因為顧慮跟擔憂少,所以很多事不用想太多,去做就對了!

chapter 1.1
初生之犢大冒險

半個英國人的告白

　　我是幾歲去英國的呢？説真的記憶有點模糊，真的是好久好久好久……以前，我都快不記得了。不過推算一下，應該是小六升國一沒多久，12、13 歲那年吧！我只記得爸爸問我：「你想去英國還是去美國？」我隨口回答了英國，結果一待就是 15 年，讀書、工作連英國護照都到手了，這是我想都沒想過的。

　　我老爸是一個對孩子花費再多苦心，也不會説出口的人，聽老媽説爸爸是標準的「男兒有淚不輕彈」，我從沒看過他掉一滴眼淚，但是聽説送我去英國的時候，他哭了……，他不知道這麼小把我送出國，是不是對的選擇，這是後來聽老妹轉述才知道的。其實我心裡都知道，他最愛的就是我！

01

02

03

　　第一次搭飛機去英國,只記得飛機餐很好吃,還有坐飛機坐到屁股痛之外,其他的記憶都有點空白。心情有一點點緊張,不過我一直對於許多事都是充滿好奇心,也勇於去冒險,所以我並不害怕。很多人覺得年紀越小越容易害怕,我卻不這麼認為,因為顧慮跟擔憂少,所以很多事不用想太多,去做就對了。反倒是長大之後,會因為過度慎重、顧慮後果,反而不敢向前。

　　我第一個學校,是英國教育中心的推廣學校,同學裡有不少亞洲面孔,大多數是香港人,這也是我廣東話説得十分流利的原因。在學校的生活有一些很趣味的景象,像是一位黑人同學跟三個中國女孩打麻將,小黑同學總是中氣十足的説:「碰!!!」這真是一種很爆笑的場面。

　　後來因為要念 GCSE(英國的國中),老爸將我轉學到一所幾乎沒有亞洲人的英國女生聖母學校,那是最正統的英式寄宿學校,也是英國最古老女校之一,讓我體驗到非常美好的國外教育,也開啟了我的"淑女"之路。

13

01 高中同學合照,那時候都還是用底片的照相機喔!02 我國中到現在的摯友,小時候的照片。
03 我與碩士班的同學合照

哈利波特的翻版故事

　　許多家長都希望自己的孩子長大後，成為知書達禮的紳士或淑女，而英國的教育制度，的確相當著重禮儀這一點，也許是這個原因，在英國的小留學生，其實不在少數。年齡小於 18 歲的同學，到英國後，需要一個在地的法定監護人，監護人應該要幫你連絡學校、家長，代替父母參加學校家長會，並負責學校放假時的吃飯住宿。簡單的說，就是要擔任你在英國的父母責任，和緊急聯絡人。這位監護人一定要慎選，因為他們是你在英國最好的依靠，也可能是你最大的惡夢。以自己親身的真實案例來說，我的監護人路程實在是十分坎坷。

　　剛到英國時專業的監護人並不多，而我遇到的這位監護人女士，因為沒有工作，專門以收外國留學生來貼補家用，每天付她 60 鎊，包辦我的三餐與住宿。但是可

怕的事實是，我睡在小儲藏室改裝的房間，打開門，床邊沒有走路的位置，進房間都要爬過床上進去。冬天寒冷的時候，她不開暖氣，被子也不夠保暖冷的要死，後來，我只好自己帶羽絨睡袋和熱水袋睡覺。

除此之外，這位監護人常常沒有固定供飯，只有在她想煮飯的時候，才順便幫我準備，而且規定我冰箱的東西，如果沒開封都不准吃，還勞役我幫她除草、曬衣服。幫忙做家事，我是不介意，但是吃不飽，對青少年來說，挺痛苦的，剛開始會跟爸爸哭訴，但是遠水救不了近火，最終得要自己變通。這段經歷，讓我後來閱讀哈利波特的小說時，不禁有種同是天涯淪落人的感覺。

最後我把零用錢都省起來，常常一個人買外賣在公園吃，回到家裡，就說我吃過了，她省了一筆開銷，當然很開心，而我也不用每天為了等她煮飯餓肚子。後來這位監護人竟然還向我爸媽推銷，說要一起開銀行聯名帳戶，以我太小為由，希望可以控管我的財務，我親愛的父母，終於發現大事不妙。

陸陸續續，我還經歷許多莫名奇妙的監護人。例如有一次上

美術課時不小心割到手，傷口很深，住院了一個禮拜，轉了兩間醫院，因為第一間無法做顯微鏡手術，送到第二間動完手術後，醫生竟然說手術失敗要再轉院。當時我心想：「完了……以後要用左手寫字了。」還好第二次的手術成功，接回手上的筋跟血管，整整復健了半年。（這也是家人沒聽過的一段細節，我又要被追殺了。）不過這不是重點，重點是在醫院療養的時間裡，監護人只有在開刀後來過一次，我個人認為，是因為法律規定，她必須來補簽學校監護人的同意書。

說到這裡，我不由得衷心感謝我的摯友 Ruth，她是大我很多屆的學姊，在我想逃離巫婆監護人的時候，常常提供溫暖的小窩，還會賞我一碗她拿手的「醬油肉醬奶油麵」。所謂的醬油肉醬奶油麵，就是把廣達香肉醬加上醬油，拌在煮好的白麵裡，聽起來好像不怎樣，卻是我心裡

最溫暖的味道。一直到 Ruth 到了可以做我合法監護人年齡時，我終於脫離這些討厭的苦難，這也是我們長達十幾年堅固友誼的開端。

其實也不是所有的監護人都如此恐怖，我的遭遇與其他朋友相比，根本就是天堂與地獄。她們有遇到一些很好的外國家庭，把她們當作家中的一份子，天天吃香喝辣的，也十分貼心照料她們的起居。可惜她們的家庭都只願意收一位學生，我完全沒有享福的希望。其中有一位朋友，是學校替她找的寄宿家庭，那戶人家除了基本照料之外，還會幫她買衣服、教她功課，幾乎是過著小公主般的生活。有一次我的監護人要出國，我寄住在她家一個周末，他們還特別為我準備烤肉聚會，令我相當難忘。

有時候家長會以為找華人的監護人比較好，其實不然，有些人收很多的學生只是為了賺錢，甚至還將學生再外發到她們找的寄宿

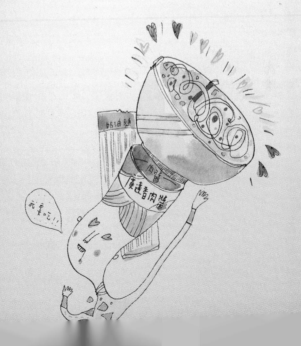

家庭。就像是經銷商一樣，中間又小賺一筆，可想而知學生所能得到的「照顧」。

選擇監護人，一定要挑有登記的，或是被學校推薦的，很多寄宿學校會提供監護人的選擇，甚至有些老師會願意當學生的監護人，不過每間學校制度不同，可以先詢問看看，當然還有很多學校同學的爸媽，也都會願意幫忙。

現在英國有很多「掛名」的監護人，就是指他實際上不做任何事，只是讓孩子有個名義上的監護人，可以合法的在英國念書。我個人不贊同這種做法，這根本是非常不負責任的事，如果小孩出事，誰來負責處理？小孩放假幾天，他要怎麼自己找地方住？很多時候，監護人的好壞，有一點運氣的成份，如果有不開心，或是不合理受委屈的地方，一定要提出來跟學校的老師討論才對。

在國外的留學生都很團結，也許因為大家同在異鄉流浪，所以大部分的人都十分熱情友善，如果是去上大學的話，絕對不會孤單。許多社團跟台灣同學時常有交流，我真心建議，多多跟不同人種往來，這樣才能體驗新的事物。如果永遠只跟中國人做朋友，很難感受到一些不同的文化跟思想衝擊，而且如此一來，

英文絕對不會進步。不過爛英文在倫敦，絕對不是問題，只要敢說，就會有人嘗試去理解，除非碰巧遇到個很沒禮貌的人，否則沒有人會表現出不耐煩，不要想太多，只要張開嘴大聲說。

　　現在的英國有一個有趣的現象，多數英國人巴不得學說中文，就連請保母都要指定會說中文，這樣可以順便教他們的小孩。在超市，也可能會遇到正在學中文的外國人，努力的跟你比手劃腳說中文；所以千萬不可以像十年前一樣，大聲的用中文批評英國人，因為他們有可能聽得懂喔！（萬一他回嗆你就尷尬了，我朋友就遇過……）

觀光客
V.S.
長居留學

　　觀光客其實不用準備太多東西，除非你是豪華旅行團一路有人接送，否則肩膀會被行李壓到爛掉。簡單的藥品要記得準備，另外要有一套比較正式的衣物，才能去較高級的餐廳吃飯。如果想跑很多地方，我建議還是把家當留在台灣吧，一切以輕便為主。如果你選的 HOTEL 比較便宜的話，可以帶一支登山用的電湯匙。電湯匙説穿了就是可以插電的湯匙，把它放在水裡可以把水加熱燒開，記得一定要國際電壓。這樣你可以在房間喝到熱飲，甚至還可以煮麵。如果住的旅館比較好一點，通常都會有附電水壺，所以不用擔心。

　　另外，我強烈建議一定要帶把防風的好傘，因為英國的傘，真的都很脆弱，一天到晚骨折，相較之下，台灣雨傘，真的是耐操好用啊！當然，轉換插頭也最好記得準備喔！

20

　　長期旅遊跟留學的同學，建議多帶秋冬衣物，因為英國夏天太短，天氣也很不穩定。有時候看起來是晴天，下一秒卻馬上刮風下雨；有時候穿著大外套出門，卻突然出大太陽熱死你！面對這樣像洗三溫暖般的天氣，最好的策略是保持進可攻退可守，譬如說：短袖＋薄外套＋大外套。外套薄厚都準備一些，尤其是羽絨、帽子、手套、圍巾……等。我想洋蔥式的多層服裝穿搭，起源地應該要是英國才對。在後面購物章節，有教大家怎麼穿來對付當地的天氣。

　　在英國常有正式場合，男生的話要有一套西裝，女生一定要有一套小洋裝跟適合的鞋子，參加聚餐、晚會、高級餐廳、下午茶，都有機會派上用場。說到參加正式場合，女生想必是要化妝出席，有些美妝用品英國不常見，像是小修眉刀之類的，如果有習慣使用的女生，最好要記得帶。平時喜歡敷面膜保養的人，千萬記得要在行李箱多塞一些，相信我，絕對是送禮自用兩相宜。因為英國只有桶裝塗抹式的那種，單片的面膜在英國相當少見，外國人都覺得很新奇，每次我回台灣，她們都會託我帶"我的美麗日記"面膜，還指定要不同口味的。

小分享
×
羽絨衣

　　我記得有一年，從台灣回英國時，雖然沒有很冷，但是我還是習慣備著一件輕薄羽絨。結果倫敦大雪導致機場關閉，我們的飛機不得不在德國迫降，沒想到德國冷得半死。很多人都貪圖方便把衣服放在行李箱裡，甚至還有人因為從泰國登機只穿著短袖，在行李領不出來的情況下，親愛的羽絨衣拯救了我。在德國機場待了將近三天，大部分的人只能用羨慕的眼神，盯著我看啊！

英國的行前叮嚀

由於英國跟台灣的時差，短期觀光需要比較小心調適，不然免疫系統可能會作怪。好比我搭長榮航空，晚上七點到英國，回到家剛好十點多，直接睡覺到隔天早上。這樣七個小時的時差，就差不多會調回來了。去英國玩我建議帶一件輕薄羽絨，方便輕巧不占空間。如果晚上旅館冷還可以蓋一下，在飛機上放在袋子裡，也可以當枕頭或背墊還挺方便的。

提醒大家，在英國實行日光節約制，三月多的時候會把時間調前一個小時，十月底則會調後一小時，這代表時差在春夏是七小時，在秋冬是八小時。大家要自己注意哪天會轉換，免得鬧烏龍，連遲到都渾然不知！

登機準備 2

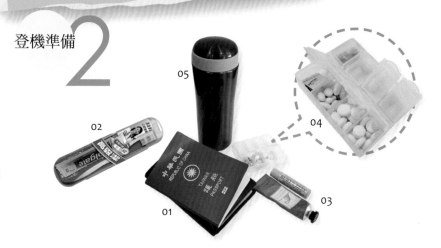

05

02

04

01

03

22

01 護照 / 一定要隨身攜帶。機票 / 這好像是廢話（電子機票不用）。 02 牙刷牙膏 / 不可以超過 100 ml。 03 護手霜及護唇膏 / 避免皮膚乾燥。保養品 / 在飛機上臉會越洗越乾，建議在登機前塗上厚厚的乳液。（視個人情況而定） 04 藥品及綜合維他命 / 尤其是維他命 C 跟 B，胃藥、止痛藥跟感冒藥。（可以先剪開放在小藥盒） 05 保溫杯 / 帶一個不鏽鋼的保溫杯上飛機，過海關的時候水要喝完，到飛機上時再請空姐幫你裝熱水或茶，還可以準備沖泡式的湯品。

英國用水小知識

　　英國的水是硬水，在飯店的電水壺裡，可能會看到很多白白的粉末或帶點咖啡色的沉澱物（水垢，LIMESCALE），不用害怕這是完全正常的，不會有毒或其他問題，只是水比較不清澈也比較難喝。我剛去英國的時候，每次洗燒水壺都洗好久，後來才發現超市有賣去除硬水雜質的軟化劑「DESCALER」。它是粉末狀或液體的一小包，滾水前把粉末倒進去，大約靜置個 15 分鐘就會很乾淨，如果還是白白的就再重複一次。如果想喝得安心點，就將水多滾幾次再喝。

　　在英國水龍頭的水都是可以喝的，在餐廳叫「TAP WATER」，是不用錢的。我自己不習慣喝水龍頭的水，不過英國人都習以為常。如果要在英國待比較久的人，我還是建議在水龍頭上加裝一個濾水器「FILTER」比較方便，也可以用有過濾效果的水壺，不過要有點耐心，等水慢慢濾淨。長期居住的話，有很多人，因為水質問題導致大量掉髮，我建議在蓮蓬頭上加裝一個水龍頭濾水器。（這個要在 EBAY 上才找的到）因為愛美是女人的天性，為了我的頭髮跟皮膚，我可是想盡辦法改善水質啊！

這是英國燒水壺裡面的光景，純屬正常，不用擔心。

23

左方為硬水雜質的軟化劑「DESCALER」

15 個小時的航程

　　到英國的航程真的要很久，雖然現在有一些航空公司可以直達，但是我對長榮航空有一種莫名的信賴感，大概是因為跟他們一起飛了很久的關係，所有的程序，我閉著眼睛都可以通過，當然他們的服務也一直蠻穩定的。其他不同的航空公司，像是國泰、英航跟華航，也是很多人的選擇。

　　長榮航空飛往英國的時間，大概是 15 個小時，中間在曼谷停留一個小時，加油跟接泰國上機的旅客，然後就一路往英國前進。但在曼谷需要先下飛機，之後再上同班飛機，我個人還蠻喜歡在曼谷機場走走，尤其又在

網 | www.ourstravel.com

飛機上坐這麼久，真的需要動一動。

在台灣大多是找旅行社訂票，但是如果在倫敦要訂票，我都找 OURS TRAVEL，他們從沒有讓我失望過。他們是一家台灣人在倫敦開的旅行社，我都拜託他們替我代訂英國台灣的來回機票，他們常有不同航空公司的優惠票跟學生票，換算下來非常的划算，也可以直接上網站查詢。

25

轉機的注意事項

出發前一定要看！

1 注意

首先，千萬不要忘記將自己的隨身行李帶下飛機，所有的行李都需要再經過掃描，所以任何超過100ml的液體都要處理掉，像是保溫杯裡的水要喝光或倒掉。

2 注意

第二，轉飛機時會發轉機卡，不要忘記拿，登機證的存根不要扔掉，因為再次登機時需要再檢查。登機前，跟著指示的登機門，在時間內進到等候區就可以了。如果有小孩單獨前往，可以麻煩空姐協助帶他轉機。

3 注意

第三，也是最重要的，泰國有些大品牌保養品在免稅商店比較便宜，可以參觀選購一下，不過千萬不要逛過頭，誤了轉機時間……。

圖片來源 | http://www.6gong.com、www.leicesterbbs.com

入境卡

Home Office
UK Border Agency
LANDING CARD
Immigration Act 1971
Please complete clearly in ... CAPITALS
...

Family name / Nom / Apellidos

First name(s) / Prénom / Nombre

Sex / Sexe / Sexo   Date of birth / Date de naissance / Fecha de Nacimiento
☐ M   ☐ F   D D M M Y Y Y Y
Town and country of birth / Ville et pays de naissance / Ciudad y país de nacimiento

Nationality / Nationalité / Nacionalidad   Occupation / Profession / Profesión

Contact address in the UK (in full) / Adresse (complète) au Royaume-Uni /
Dirección de contacto en el Reino Unido (completa)

Passport no. / Numéro de passeport /   Place of issue / Lieu de délivrance /
Número de pasaporte   Lugar de emisión

Length of stay in the UK / Durée du séjour au Royaume-Uni / Duración de su
estancia en el Reino Unido

Port of last departure / Dernier lieu de départ / Último punto de partida

Arrival flight/train number/ship name / Numéro de vol/numéro de train/nom du
navire d'arrivée / Número de vuelo/número de tren/nombre del barco/de llegada

Signature / Signature / Firma

IF YOU BREAK UK LAWS YOU COULD FACE IMPRISONMENT AND REMOVAL
SI VOUS ENFREIGNEZ LES LOIS BRITANNIQUES, VOUS VOUS EXPOSEZ A UNE PEINE D'EMPRISONNEMENT ET LA DEPORTATION
SI INFRINGE LAS LEYES DEL REINO UNIDO PUEDE TENER QUE AFRONTAR ENCARCELAMIENTO Y ALEJAMIENTO

CAT   -16   CODE   NAT   POL

For official use / A usage officiel Para uso oficial

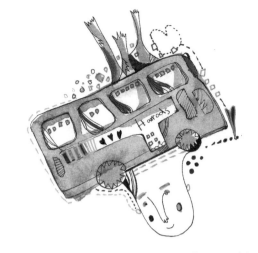

準備入境

到倫敦機場前，空姐會發入境卡，請在飛機上就填好，千萬不要到海關再填，不然一定會手忙腳亂。下飛機前也請抓緊時間去廁所，因為你要準備到入境海關大戰了。一下飛機請火速飛奔到海關過境處，因為現在觀光簽證開放，遊客量暴增。我拿英國護照進關花五分鐘，我妹妹拿台灣護照排了快一個半小時，害我差點沒急死。其實以前拿台灣護照真的很辛苦，如果又跟其他國家的班機碰在一起，那個隊伍真是超級～超級長。如果你慢吞吞走的話，你就準備排到天昏地暗吧！

英國海關審查官有刁難的，也有超友善的。基本上慢慢回答海關的問題即可。如果是去觀光，他可能問你會去哪裡玩，或是停留多久？如果是讀書，他可能問你，讀哪個學校，哪個科系這類的。我曾遇過直接跟我聊起天來的，也有碰過用惡狠狠的眼神上下審視我，完全不說話的，不管如何，禮貌的微笑，是你最好的過關武器。

過了麻煩的海關就是找行李了。先在樓下的電視螢幕上找到自己的班機代號，然後看轉盤號碼，如果時間被海關拖太久，轉盤上可能會有下一班飛機的行李，而你的東西，也有可能被拿下來放在轉盤旁邊。如果在轉盤上沒看到你的行李，不要緊張，先找找看附近有沒有。萬一真的都沒有的話，再請客服櫃台的人員 CUSTOMER INFORMATION CENTER 幫你尋找。

倫敦的機場對第一次來的人而言，真的跟迷宮沒什麼兩樣。不過記得堅守一個原則：找到標示牌，跟著走就對了。如果還是很迷惑的話，可以詢問服務人員。

如何到市區

進到倫敦市區的方法有很多，可以搭地鐵、公車、普通計程車以及高檔計程車，以下我簡單介紹一下。

1 MINI CAB
私人小公司計程車

圖片來源：xlcarsltd.co.uk

網 | www.londonheathrowcars.com

這類私人計程車可以在網路預訂，把你的航班跟目的地說明清楚，他們會報一個價格，你可以在網上先比價。其實很多中國人跟台灣人學生，也有做兼職機場接送，可以到 HELLO UK 網站上察看訊息，價位上他們也比較便宜。如果你找的 MINI CAB 基地是在你的終點地區，通常價格會比較低，切記要貨比三家，以免被佔便宜喔！

這類計程車，通常會舉著你名字的接機紙牌在出口處等。出境區外都是一堆舉牌子的人，接著就是要從人山人海之中，找到自己名字的牌子，應該還不算太困難吧！他們通常可以免費等你 40 分鐘左右（從飛機降落時間開始算），如果超過時間，就要加上他們停車費的費用。我從機場回到倫敦金融區，大約都在 50、60 鎊左右，如果有同行者的話，還算是方便划算，也省去行李搬上搬下的麻煩。

2 HEATHROW EXPRESS

網 | www.heathrowexpress.com

這輛列車直達 PADDINGTON TRAIN STATION，價位是計程車的四分之一，單程是 16.50 鎊，也有一個月的來回票，但是只便宜一鎊並不划算，我建議先不要買來回票，以免侷限時間的運用。如果是一個人的話算是快又方便，到市區大概才 10、15 分鐘而已，不過如果是多人同行，還是叫車比較划算，因為搭 EXPRESS 到 PADDINGTON TRAIN STATION 之後，還要轉搭地鐵，所以要再加上地鐵的車票費用。

3 UNDERGROUND / TUBE

英國 UNDERGROUND 也被叫做 TUBE，不要被兩種説法混淆，其實都是一樣的東西。DOCKLANDS LIGHT RAILWAY (DLR) 也是地鐵的一部分，只是多在地面上行走。地鐵其實很方便，也是省錢的好選擇，坐完飛機沒有太累的話，可以搭乘 PICCADILLY LINE（深藍線）到市區，時間大概在一小時左右。不過如果你行李很多的話，還是要慎重考慮一下。

4 BLACK CAB

這是最安全的計程車，司機們全都是通過困難的考試，才能領取執照，因為得來不易，大多數司機不會想惹麻煩，所以基本上比較安全。司機跟候座是完全隔開的，根本碰不到乘客，對女生晚上回家是很好的選擇。但是它的價格非常昂貴，不太建議從機場搭乘，我有個朋友的天才妹妹，不小心坐過這種可怕的跳表計程車，從機場到市區花了快 150 鎊。除非你要去的地方很近，或是你很有錢沒地方花，不然千萬不要當傻子，因為你的心會跟著它的跳表淌血。

chapter 1.3
英國在地通

地鐵

　　倫敦地鐵是眾所皆知的方便，大部份的地方地鐵都可以到達，他們也有悠遊卡 OYSTER CARD，這是近幾年推廣的成果。以前多半是用紙的票卡，就跟火車票一樣，進出都需要票卡。我第一次搭地鐵的時候年紀很小，用票卡進站後，不知道哪根筋不對勁，竟鬼迷心竅的認為這張紙已經不需要了，最扯的是，我居然拿來包口香糖，直到要出站時，我只能對著站務員，攤開那張被口香糖黏得緊緊的紙，這尷尬的畫面，大概一輩子都忘不掉吧！如果你也是買紙的票卡，請務必收好它。

　　OYSTER 卡的車票比較便宜，因為英國政府為求環保，希望大家不要再用紙的票卡。如果是短期旅遊，可以在台灣透過旅行社，

或是自己在網上先訂購。 這個卡要 5 鎊的押金，離開英國時，在地鐵站退回即可，但是裡面的儲值的現金最多只退 10 鎊，所以不要在裡面留太多的錢。你可以使用存錢的方式 PRE PAY / TOP UP 讓它自動扣款，或是買不同類別的無限制票（如下）。另外，值得一提的是「學生卡」，如果來英國讀書的話，一定要上網申辦一張，真的便宜非常非常多。

圖為英國的悠遊卡

票種	說明
SINGLE	單程
RETURN	來回
ONE DAY TRAVEL CARD	一天無限制多次上下票
WEEKLY TRAVEL CARD	一周無限制多次上下票
MONTHLY TRAVEL CARD	一個月無限制多次上下票
ANNUAL TRAVEL CARD	一年無限制多次上下票
STUDENT OYSTER CARD	學生卡，限學生使用，網路申請

買票注意事項

Hint 1

買票機,現在都是電腦螢幕觸控,但是還有一些老機器只可以買紙本票。如果你是在輕軌車站的話,看到的機器應該都是二合一螢幕觸控款。

Hint 2

在螢幕上選擇你要的票種,付錢之後,機器會要你把你的 OYSTER 卡按在黃色感應區加值。如果成功就會列印收據給你。

Hint 3

這種機器是輕軌DOCKLANDS LIGHT RAIL(DLR)的買票機,操作方法相同。

Hint
4

輕軌 DLR 的出口常常沒閘門，通常在出口處有附設感應器，不要忘記把你的 OYSTER 卡按在黃色感應區離開。

Hint
5

正常地鐵站的感應區閘門，它的箭頭下方則是紙本票卡輸入的地方。

Hint
6

地鐵站裡多半會看到這個地方，請來這裡拿免費的地鐵圖，如果被拿完了，可以去找櫃台問問看還有沒有。

33

小提醒 1

一日票可以搭地鐵、公車、火車、輕軌（在地面上行駛的一種地鐵），如果用一日票搭 THAMES CLIPPERS 泰唔士河上的船有打 10% 折。SINGLE / RETURN（單程）只能搭地鐵。

小提醒 2

使用 OYSTER 卡搭車的時間要稍微注意一下，因為如果在 PEAK HOUR（尖峰時間）的話比較貴，尖峰時間為一到五的早上 06:30 到 09:30 和下午 16:00 到 19:00。週末都不屬於尖峰。打個比方，如果是用 OYSTER 卡單程扣款，在尖峰時段一區到二區扣的錢是 2.70 鎊，但是如果你不是在尖峰使用則只需 2 鎊。

34

小提醒 3

一日票也分兩種：ANYTIME（任何時間），OFF-PEAK（非尖峰時段），非尖峰時段的票也是在 9:30 後就可以使用一天。所以當個小懶蟲，不要跟上班族擠還是有甜頭的。

小提醒 4

雖然 OYSTER 卡比較方便又便宜，但是如果買的不是無限制票，進出地鐵站時，一定要確實在感應區登入跟登出，如果沒有登出的話，會被罰當天最貴票價。有時候就算圖方便走打開的閘門，也一定不要忘記刷出，因為我當過很多次冤大頭了，明明只是想要搭個單程，最後卻被罰全天票的錢。

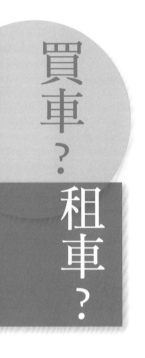

買車？租車？

短期旅遊不一定要租車，因為光搭地鐵就足以讓人在市區玩夠本了。但是如果想要體驗一下英國鄉村風光，可以考慮租個幾天。在英國鄉村開車實在是一大享受，不過要順便租 GPS 喔！另外，如果是長期留下來讀書，或在英國工作，有一輛車是還蠻方便的。尤其是週末，倫敦地鐵三不五時就在整修，車輛的班次縮減，如果有車的話，跟朋友出去玩，或是買菜之類的，都會十分便利，而且活動地點也不會被侷限在地鐵周邊。

台灣的駕照不能直接換成英國駕照，所以如果台灣人想在英國開車的話，可以先在台灣把駕照換成一年的國際駕照，但如果是長期居留在英國，建議還是直接考英國的駕照比較省事。英國開車有些小習慣跟台灣有點不同，像是你可以閃兩次頭燈讓其他車輛先過，或是閃一下故障燈對讓路的人表達感謝。在英國開車大家基本上很有禮貌，你只要能在台灣恐怖的車水馬龍中生存，其實到這裡應該是小 case！

不過說到買車或租車，大家一定都怕被佔便宜，就像在台灣買二手車一樣，要找信譽良好的商家，或是原車主直售的比較好。以下提供幾個網站給大家做參考。

1 AUTO TRADER

網 | www.autotrader.co.uk

　　大部份的二手車輛買賣都在這個網站，可以找到離你比較近的車主。買賣車子的時候，最好請較有購車經驗的朋友陪同確認車況，跟維修紀錄之類的細節。我朋友上次買車沒有好好檢查，之後才發現里程表被動過手腳。黑心的人到處都有，所以一定要小心點。從對談溝通中多觀察注意跟你交易的人是否可以信任，還有多做點功課比較不會吃虧。

　　我自己的兩輛車都是在這裡買賣。交易的時候，大部份的人都是用現金或是銀行轉帳。

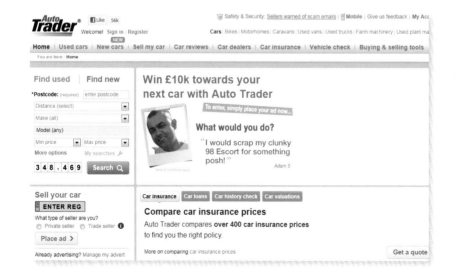

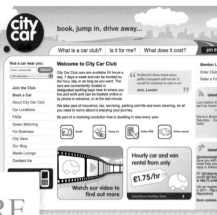

2 CAR SHARE

網 | www.citycarclub.co.uk

　　英國現在很流行車輛共用，像 CITY CAR CLUB 就是提供這種服務的俱樂部。加入會員後，24 小時都可以使用他們的車，費用則是從一小時到一天都有，假如用車的機會不多，又不想養車的話，這種車輛共用也是很不錯的選擇。我有很多朋友們平常搭地鐵上下班，但是假日想去賣場採購或是去郊區遊玩，就會選用這種方式。

3 EUROPCAR

網 | www.europcar.com

　　租車的公司很多，我建議挑大一點的租車行，因為有規模的公司提供的還車點比較多，不須開回原取車點歸還。有些景點例如倫敦的外圍，交通規劃很完善，若能開車前往，比較不受時間限制，如此一來便可恣意在鄉間古堡悠遊，或在農莊裡品嘗下午茶，盡情享受悠閒的愜意。

有車該去哪裡玩？

其實倫敦外也有很好玩的地方，告訴大家幾個好玩的活動做參考，看完這些介紹，你們很快就會知道我其實是一隻猴子。

1 推薦

美麗的莊園喝下午茶：ESSEX AREA

網 | www.downhall.co.uk

常有名人像是 JADE GOODY 選擇在此處作結婚地點，莊園 HOTEL 非常美麗。這個環境優美的古堡如世外桃源，是逃避世俗喧擾的好地方。在這裡喝個下午茶，然後在花園散散步深呼吸，這樣渡過一個下午真的十分愜意。這裡的消費並未貴到令人咋舌，傳統英式下午茶大約 18 鎊左右，然後又可在它的園內到處遊玩拍照，算是合理的價位。

2 野外的活動：GO APE

網 | goape.co.uk

圖片來源 | goape.co.uk

　　英國最大的樹林探險，超級適合喜歡戶外活動，熱愛腎上腺素攀升刺激感的男孩女孩。我個人超愛這種"挑戰恐懼"的感覺（我有小小懼高症），每次都會告訴自己只要做到，現實生活裡就什麼也不用怕了。在這裡，可以像泰山一樣在森林裡盪來盪去，或踩著繩索在樹的高處遊走 。我常找一群志同道合的小瘋子一起在這 "GO APE" 玩耍。這個活動在英國有很多點，可以上網查離你最近的點。不須任何經驗，不過在活動開始之前，必須先聽授半個小時的安全講習。

源 | www.centerparcs.co.uk

3 推薦

親近大自然：CENTER PARCS

網 | www.centerparcs.co.uk

這是在英國的鄉村度假勝地，有四個大據點。可以體驗住在英國森林小木屋的生活，或是在湖邊親近大自然。每個據點範圍都非常廣大，園內擁有眾多野生動物。有一次住宿經驗，竟發現許多小動物並不怕生，還會跑進我住房的後院，令人十分驚喜。裡面也提供許多豐富的活動，像是親近老鷹、貓頭鷹、射箭、十字弓、騎馬。真的很不賴！

TWINKLE 是這隻大貓頭鷹的名字，我跟朋友兩個人雙手才抱得起它，很可愛喔！

推薦4 空中跳傘：AIRKIX SKYDIVING

網 | www.airkix.com

如果你所有該玩得都玩了，還想做點不一樣的，可以到這裡去玩室內的空中跳傘，這個比起真的從空中跳傘安全太多了，很多人利用這個設施來作真正空中跳傘的練習。玩之前會有半小時的動作跟安全手勢教學，是個很特殊的體驗，通過之後會有證書，如果你真的想要去跳空中跳傘，必須把所有的證書都拿到手，還要有足夠的練習時數才行！我之前玩的時候發現姿勢很重要，只要在空中的身體姿勢對了，馬上就飄到超高的半空中！真的是很酷的體驗。

圖片來源 | www.airkix.com

神奇的英國區碼

網 | journeyplanner.tfl.gov.uk

在英國的地址其實非常方便，只要有郵遞區號碼 (Post Code) 就可以很精準的找到你要去的街道，下面介紹的網站可以幫你規劃路程跟計算時間，十分方便。

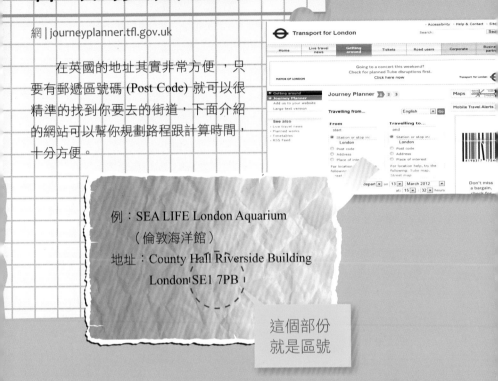

例：SEA LIFE London Aquarium
（倫敦海洋館）
地址：County Hall Riverside Building
London SE1 7PB

這個部份就是區號

進入網站後，左邊請先輸入你現在的郵遞區號。譬如說你要從你的旅館地址區號 W1C 1JU 到倫敦海洋水族館 SE1 7PB，然後勾選 POST CODE。下方會顯示出發時間，如果不知道的話可以不要理這個選項，但是如果輸入的話，網頁會告訴你任何新的消息，譬如說哪個車站在施工不開放，或建議改道之類的，所以在天氣不好的時候，這個功能很好用。記得有一年倫敦下大雪，整個交通大癱瘓，我都是靠這個功能在查詢，以免到了車站發現沒有車的窘境。

基本上只要有區號網站，可以提供在哪上下車、旅程時間估計，以及要去的各區地圖，而且這是英國政府的網站，所以訊息可靠可以多多利用。

chapter
────
2

英式下午茶，絕對是在介紹英國旅遊時，不可或缺的一環，英國人對下午茶真的是十分講究，即便是在住宿學校裡，一樣會有下午茶時間。為什麼要有下午茶呢？

下午茶的起源為 17 世紀。英國上流社會的早餐非常豐盛，但是午餐則較為簡便，而社交晚餐要到到晚上八時左右才開始。

其中有一位很懂得享受生活的女伯爵－安娜瑪麗亞，到了下午因為時常肚子餓，所以請女僕為她準備紅茶和點心與友人共享，漸漸地這變成一種社交活動，也越來越時尚，因此所有點心開始越來越講究，而且花樣也越來越多。基本上大家有時候都會用下午茶來取代正餐。

誰說英國無美食

下午茶，這個到倫敦必做的事情，也是需要點小準備的。切記看清楚你要去的餐廳的 DRESS CODE 是 FORMAL（正式）還是 SMART CASUAL（體面）。高級的下午茶地點一定會要求正式，其實女生一件小洋裝搭個娃娃鞋就可以搞定，如果不愛穿洋裝，襯衫加上西褲也是很好的選擇！

男生最常犯的錯誤，就是穿了球鞋或是休閒鞋，結果到餐廳前被攔下來，還有牛仔褲通常在高級的下午茶地點也是不被允許。現在許多下午茶點開始放寬要求，只要你穿的體面，這代表你可以穿牛仔褲，整體只要看起來有質感，能凸顯自己個人特色即可！

47

chapter 2.1
夢幻的英式下午茶

下午茶養成計劃

　　剛去英國時，我念的是英國正統的寄宿學校。英國的學校跟台灣的不同，私立的比公立的優秀，報名時還有考試和智力測驗，確認收進來的學生是不是智障（開玩笑的！），所以我應該還不至於智力有問題，哈哈！

　　其實也有很多外國人週一到週五住宿，因為家裡住的比較遠。而像我們這種全職的住宿生，因為吃喝拉撒睡都在一起，所以感情直到畢業後都非常好。之後大家雖然都在工作了，但只要聚在一起，就還是當年那群拿牙膏塗痘痘，為了有古銅色肌膚，把手染成兩種顏色的三八女孩。

　　因為有這樣的住校經驗，我來告訴大家正統的英式增肥青春期吧！學校的進食流程是，一大早先來一頓豐盛的早餐，10 點是飲料休息時間，然後中餐（正餐），下午四點半有下午茶（茶跟蛋糕），接著是晚餐（正餐），晚上 10 點的時候，還有睡前飲料跟餅乾。恐怖嗎？你以為這樣大家就滿足，那你就錯了，這還不是最誇張的⋯⋯，我現在要來公佈 15 年前，校長的餅乾到底被誰偷吃了！

　　基於青春期的恐怖腸胃加上大量運動（一天到晚游泳、跑步、打曲棍球……等。），我們 4 位膽子大的女生，常常半夜摸黑，到學校廚房搜索儲藏櫃的餅乾，其他膽子比較小的，就在走廊替我們把風，然後大家飛快的衝回房間裡吃個過癮。好啦，這下子大家見識到英國的淑女都是從哪裡出來的……。

　　在這樣規律的肥豬養成計畫下，下午茶變成一項很平常的生活習慣。在英國有一些非常普遍的麵包醬，台灣人可能沒吃過，像是MARMITE。這個酵母麵包醬，真的就跟它的廣告一樣，你不是愛上它，就是痛恨它，我個人是選擇愛上它，因為它吃起來有點像鹹醬油。在土司上塗上奶油，加上少許的 MARMITE，我就可以吃掉一整片。它的用量非常省，一點點就很鹹，真的是一點點，大概是指甲大小的份量，就是塗一整塊麵包的用量。不過因為這個醬的顏色跟黑巧克力醬很像，有一次我同學誤以為是巧克力醬，塗了厚厚的一片放進嘴裡，那個表情我一輩子都不會忘記，哈哈！

酵母醬配蛋夾吐司是在國外常吃的早餐

我是濾茶器喔！

　　最常見的下午茶點心有三層。最下層通常為鹹三明治SANDWICH，小黃瓜、蛋、起司口味，較為常見。中間那層則擺放鬆糕SCONE，經微烤過後熱熱的鬆糕，搭配JAM果醬跟CLOTTED CREAM凝結奶油大口咬下（這個時候請忘記熱量這件事），三種滋味加在一起真的超好吃喔！最上層的蛋糕點心，通常是不同店家各憑本事端出的創意甜點。當然重點還有各種香醇的茶品，我在英國別的沒學會，反倒是養成喝茶的習慣，即使回到台灣，我還是每天都要喝上幾杯解解茶癮。

　　不同的茶店會有不同的環境，茶的器皿、刀叉的等級都有不同講究。高價位的下午茶店大概都在35-70鎊左右，有些人會加點香檳，價格當然就更高一些，如果不加香檳的話，一個人的消費大約都在40鎊上下。提醒大家一件事，在高級茶店的桌上你會看到一支奇怪的東東，長得像一支有很多洞的湯匙，這是過濾茶葉渣用的。

下午茶店家介紹

網 | www.afternoontea.co.uk

　　下午茶店預約很簡單，全部直接網上操作。直接搜尋想去哪裡或是鄰近區域的下午茶店，倫敦比較大的飯店跟下午茶店的資訊，都在這個網站上，有時候還會有一些優惠，記得注意一下喔！另外，我挑了幾家我去過的下午茶店給大家做參考。

　　順便一提，有些店的名氣雖大，但是以下午茶套餐來說並不值回票價，像是 FORTNUM&MASON 四樓的下午茶套餐，我覺得不是很划算，裝潢環境也很普通，直接買茶葉跟甜點當伴手禮會好很多。還有一家叫做 MAISON BERTAUX 位於 SOHO 區，很多書有介紹，因為它散發著法式風情，但是我覺得它們的茶葉超級澀，喝完在喉嚨裡有一種不舒服的感覺，我嘗試了好多次都是如此。（我還是忍不住說出我的心底話了…）

1 RITZ

店 | 150 Piccadilly，London，W1J 9BR
電 | 020 7493 8181
時 | 預約
鐵 | GREEN PARK
網 | www.theritzlondon.com

　　我覺得就算一次也好，來到英國就應該要到 RITZ 好好的體驗道地的下午茶。不過這裡可不是有錢人才能來的地方，反而是很多市井小民來體驗高級環境的地方。來到 RITZ，千萬不要害羞去品嘗不同的茶種，從 ASSAM 阿薩姆到 JASMINE 茉莉，種類繁多，我個人偏好 EARL GREY 伯爵茶，沒有它我的人生會非常的黑暗。大家甚至可以盡情的拿相機出來拍照。這裡就是個景點，整個裝潢非常美觀優雅，令人心情愉

小分享

High Tea
V.S
Cream Tea

HIGH TEA 通常把下午茶跟晚餐結合,內容豐富,鹹點比較多,也就是我們常見到的三層英式下午茶。

CREAM TEA 通常比較簡單,是以一壺茶、果醬、CLOTTED CREAM 加 SCONE,無鹹點。

悅。來這裡請記得好好的打扮,衣服一定要偏正式,拿出紳士淑女的風度,優雅的喝杯下午茶吧!

重要的是,一定要提前預約,不然你可能到回國前都喝不到,要多早預約?在你還沒飛到英國前就可以準備預約了,最好 10 週前就上網預訂比較保險。一個人 40 鎊,要喝香檳則 56 鎊。基本上 RITZ 在市中心,而旁邊就是美麗的 GREEN PARK。如果天氣好的話,吃完可以去公園散散步,讓人一整天都心情愉快!

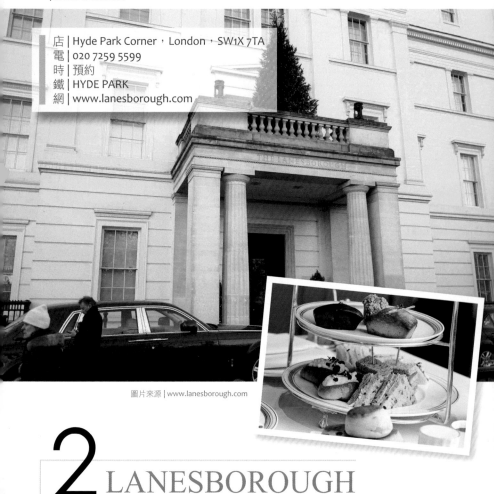

店｜Hyde Park Corner，London，SW1X 7TA
電｜020 7259 5599
時｜預約
鐵｜HYDE PARK
網｜www.lanesborough.com

圖片來源｜www.lanesborough.com

2 LANESBOROUGH

54

　　這間的裝潢也是非常優雅自在。我以前去的時候，
還有茶師替客人推薦選茶，不知道現在還有沒有，但是
我覺得它的鹹點還蠻不賴的。它在倫敦高尚的購物區，
旁邊就是有名的 HYDE PARK 海德公園，還有皇室供
貨商 HARRODS 哈洛德百貨公司。吃完以後在附近走
走逛逛，絕對足夠消耗剛剛吃下的熱量。

3 THAMES FOYER & SAVOY

　　如果真的訂不到 RITZ，SAVOY 絕對是第二名，我個人也偏好這間，因為方便到達又好吃。很多人對菜單有些茫然，我翻譯了基本的下午茶菜單以供參考。另外也可以額外付費，加點香檳變成香檳下午茶。大多數的五星飯店當你的點心吃完時，會自動幫你填滿，等於是吃到飽，所以我建議可以當成正餐來吃，除非你的胃是無底洞，不然下一餐的餐費就自動省下來。

TRADITIONAL AFTERNOON TEA　£40.00
傳統英式下午茶：40 鎊

鹹的部份：

Select from our range of teas (各種茶類任你挑)

A selection of finger sandwiches：（ 三明治 ）

Smoked Scottish salmon with mild horseradish

煙燻蘇格蘭鮭魚與溫和辣根

Organic egg and shiso cress salad

有機雞蛋和紫蘇水芹沙拉

Cucumber and cream cheese

黃瓜和奶油奶酪

Honey roasted ham with apple-cider mustard

蜂蜜烤火腿配蘋果酒芥末

Poached chicken and mango chutney

水煮雞和芒果酸甜醬

甜的部份：

Freshly baked raisin and plain scones

新鮮出爐的葡萄乾烤鬆糕

Devonshire clotted cream，homemade lemon curd and strawberry preserve

德文郡的凝結奶油，自製檸檬醬和草莓醬

Delicate Afternoon Tea pastries：（精緻的午後茶糕點）

Delicate Afternoon Tea pastries：（ 精緻的午後茶糕點）

Royal Chocolate Cake 皇家巧克力蛋糕

Savoy chocolate and pistachio "Opera" 巧克力和開心果多層蛋糕

Vanilla Lavender éclair 香草薰衣草泡芙

Orange almond weekend 橘子杏仁週末

Raspberry passion fruit macaroon 覆盆子百香果蛋白杏仁馬卡龍

Strawberry fruit crémieux tartlet 草莓水果塔

Thames Foyer signature cakes 獨家經典蛋糕

Traditional English fruit cake 傳統的英式水果蛋糕

Carrot cake with cream cheese icing 胡蘿蔔蛋糕與奶油乳酪糖霜

Banana cake 香蕉蛋糕

店 | Strand，London，WC2R 0EU
電 | 020 7420 2111（預約專線）
時 | 預約
鐵 | CHARING CROSS
網 | www.fairmont.com/savoy

01 THE CHURCHILL 的建築外觀 02 門牌
03 SEX AND THE CITY 下午茶

店 | 30 Portman Square，London，W1H 7BH
電 | 020 7486 5800
時 | 預約
鐵 | MARBLE ARCH
網 | london.churchill.hyatt.com

4
HYATT REGENCY LONDON
─THE CHURCHILL

58

　　它們傳統款的下午茶，器皿上以美麗的印花古瓷為主。不過這家的重點是一些特殊下午茶，像是 SEX AND THE CITY 下午茶套餐，十分適合一群女生好友談天説地。但這就不是很傳統的下午茶樣式，鬆糕這類的會以小漢堡跟小熱狗取代，甜點可能是一對小高跟鞋糖果之類的，如果你對傳統的下午茶已經喝膩了，也可以來這裡換換口味。

5

BROWNS

傳統下午茶一個人 39.50 鎊，東西精緻，裝潢美麗，可以列入考慮範圍。

店 | 33 Albemarle Street Mayfair，London，W1S 4BP
電 | 020 7493 6020
鐵 | GREEN PARK
網 | www.brownshotel.com

6
THE MILESTONE

　　在倫敦無數的下午茶飯店裡，這家是
以精緻路線取勝。它的裝潢十分英式而且
非常有貴族氣息，如果在它的書房裡喝下
午茶，會有一種處於早期英國上流社會的
幻覺。它位於戴安娜王妃故居的正對面
(KENSINGTON PALACE)，常常入圍十大
最佳下午茶。 其實它的價位有很多種，從
最便宜十幾鎊的簡單下午茶，到 70 幾鎊的
高檔下午茶都有，並非一定要家財萬貫才
能進去喔！

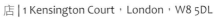
店 | 1 Kensington Court，London，W8 5DL
電 | 020 7917 1000
時 | 預約
鐵 | HIGH STREET KENSINGTON
網 | www.milestonehotel.com

THE MILESTONE 下午茶

62

7

V&A CAFÉ

店 | Cromwell Road，London，SW7 2RL
電 | 020 7942 2211
時 | Mon - Thu，Sat - Sun 10:00 - 17:00
　　 Fri 10:00 - 21:30
鐵 | SOUTH KENSINGTON
網 | www.vam.ac.uk

　　在倫敦價位便宜的下午茶店到處都是。基本上以一壺茶，奶油、果醬配 SCONE（鬆糕）為主，這樣的組合稱為 CREAM TEA，如果不是特別要求，大部份店家都大同小異，很多博物館像是 V&A 的餐廳就有提供。這裡一直是我喜愛的藝術博物館之一，它裡面的藝術品讓人賞心悅目，我常帶著繪圖本在這裡消磨一整天。

店｜9-81 Regent Street，
　　Piccadilly，London， W1B 4EG
電｜0844 335 8403
時｜Mon - Sun 7:00 - 23:00
鐵｜PICCADILLY CIRCUS
網｜www.caffeconcerto.co.uk

8

COFFEE CONCERTO

　　這間甜點店常常有同學喜歡去吃，大概是因為在市中心，每次都很多人，櫥窗的蛋糕也很漂亮。裡面的甜點偏義式，路邊逛街走累了，進去喝杯茶、吃個小蛋糕算是不錯的歇腳處。價錢屬平價裡的中高，但還算可以接受。

9

SKETCH

店 | 9 Conduit street，London，
　　W1S 2XG
電 | 020 7659 4500
時 | Mon - Fri 8:00 - 22:00
　　Sat 10:00-02:00，Sun 10:00-18:00
鐵 | OXFORD CIRCUS
網 | www.sketch.uk.com

sketch

BREAK FAST AT SKETCH
FROM 8AM
'OVER EASY AND WELL DONE'

SKETCH 是一間好玩的選擇，裡面裝潢很有設計感，還時常展出不同的現代藝術作品，裡面的廁所像是未來世界，造型十分前衛。它們也常跟設計師配合，所以可以定期觀察它們網頁，看看有什麼特別的活動。甜點部分沒有太多驚喜但也有一定水準，只是到這裡來，應該是吃它整個店的裝潢跟設計多一點。

如果你去英國只是短期旅遊的話，那一定要好好的大吃一頓。在英國可以吃到非常多不同國家的料理，而他們最傳統的食物，則要到鄉村一點的地方，才會體驗到美味的道地英國菜。很多人說英國沒有美食，其實不然，英國料理的烹調方式多為燉煮烤，以馬鈴薯為主食，若要跟法國料理比起來，的確沒那麼的精緻講究。但相對來說，這樣的菜色是屬於COMFY FOOD，就是吃完以後心情會感到愉快安慰，至少對我來說是如此！

Waitrose

Beef
onsommé

blend of dark Amontillado sherry, cider, beef stock and marjoram

Waitrose

rench Onion
& Cider

h and dark soup with caramelised red onions
and Normandy cider

Waitrose

美味的超市食材

　　傳統英國的菜色，都可以輕鬆的在超市買到材料，然後自己試著下廚複製，幾乎都做的出來，雖然不一定像餐廳那般美味，但也有七八分相似。而且在英國當地，大部分的人都是在家吃飯，跟台灣三餐外食的情形很不一樣，所以超市對英國人，以及長期居留的旅客而言，是相當重要的，而且他們的超市什麼都有，衣服、家用品、食物……等，跟百貨公司差不了多少，我一定要好好的介紹一下。

省錢小撇步

　　當日過期的產品，都會被貼上減價標籤（REDUCED），其實很多東西都還是很不錯的，只要當天拿回家煮就好了。想想看，你是不是也常買了東西回家，放在冰箱放到期限最後一天才吃掉，道理是一樣的，只是你可以用不可思議的價錢買到，譬如說一個派原本 5 鎊，現在你可能 1 鎊就可以直接買回家吃。

　　同事之中，有一個超厲害的重量級省錢王，他每天在超市打烊前 1 小時，去撿它們當日要清掉的商品，基本上，那些價格根本就是送給你了。每次到公司，他就會跟我們炫耀，他用幾 PENCE 就拿到一堆土司、麵包、青菜。我真是超級佩服他，你如果要省錢就學他這樣做吧，包你省！

英國的連鎖超市，如果以價位來排列

YOUR M&S / Waitrose	品質最好、價位最高的超市，裡面有很多有機的產品。
TESCO / Sainsbury's	正常價位的超市，不過有些產品價格還是有點偏高。
ASDA	同樣商品的價位會比其他超市低，但是選擇比其他超市少。
Iceland	一個以冷凍食品為主打的超市，有很多非常便宜的冷凍食品。
LIDL	屬於德國超市，蔬菜跟肉類算便宜，但是分店較少。

網 | www.marksandspencer.com

MARKS & SPENCER

這是一個 1884 年成立的老牌子，它的店名就是良好品質的代表，老一輩的英國人非常的鍾愛它。它們的東西比較有保證，雖然不是特別便宜，但是可以明顯感受到品質的不同，的確是精緻許多，像是水果，大部分都甜美多汁。

　　值得一提的是，它的罐頭食物也非常好吃，我推薦一款
FRENCH ONION SOUP（法國洋蔥湯），還有店裡的 READY
MADE MEALS（加熱就可以吃的食品）。它還有低糖低熱量
的特製點心，專門為怕胖的人所設計，有些好吃的巧克力都
在 150 卡以下。另外也有一些 FULLER FOR LONGER（延長
飽足感的餐點），這種餐點在中午吃的話，下午比較不會餓，
減少了很多在正餐之間亂吃點心的問題。它們也常推出兩人
10 鎊晚餐組合，其中包括了主菜、配菜、甜點，還有一瓶葡
萄酒，這對小情侶來說非常方便喔。

WAITROSE / OCADO

2

網 | www.waitrose.com

72

　　這家超市是我很喜愛的店，它是（JOHN LEWIS）百貨旗下的超市，擁有皇家徽章認證，是一個挖寶的好地方，雖然有些東西，跟其他超市比起來稍微貴了一些，但是有很多少見的產品，也有很多有機的商品，不過如果是蔬果類的話，並沒有其他超市划算。OCADO 在網路上專門賣 WAITROSE 的產品，在網路選購後，會有專人送貨，非常的方便，如果遇到比較好的送貨司機，還會幫忙搬到廚房呢！

　　它的烹煮半成品，好吃又方便，其實説穿了，就是先幫你將生鮮食材調味處理好，你只要在家用烤箱或是微波爐加熱煮熟就可以吃。

超市輕鬆買，便宜又好吃喔，在英國你也是大廚！

　　另外，我特別推薦 ORANGE DUCK PATE（橙汁鴨肝抹醬），大概在 2.40 鎊左右，以鴨肝為原料加上一層橘子果凍，口感非常的清爽，有點類似冒牌的鵝肝醬，雖然口感不是入口即化，但是也有幾分樣子。搭配微烤過的麵包、餅乾，再配點沙拉，是很方便的餐點。這樣的抹醬有很多種口味，海鮮、豬肝、雞肝……等，也有素食專用的蘑菇抹醬，在台灣相當少見，我個人不推薦豬肝，因為味道特別腥，但是如果是喜歡嚐鮮的人，儘管大膽的試試各種口味。

　　既然是皇家御用雜貨商，黑松露跟魚子醬也可以平價的買到，30g 的黑松露大約是 8 鎊一小瓶，小罐的魚子醬也可以用 2 鎊買到。先別太驚訝，因為這些都只是高級奢侈食材的替代品。因為黑松露沒有白松露香氣濃郁，所以價錢本來就比較低廉，加上氣味及其他因素，品質還是有優劣之分；另外以魚子醬而言，LUMP FISH（圓鰭魚卵）也遠不及 BELUGA（鱘魚卵）珍貴。如果你是個挑剔的食客，建議還是到專業的店裡購買。

　　其他熱門推薦：Crayfish salad（小龍蝦沙拉）、Fish meat ball（魚肉球）、Cheese twisters（起司捲）、all the tapas（各式小菜）。

TESCO / SAINSBURYS / ASDA /

這三家的東西大部份都是一般品牌的商品，所以大同小異，價錢上除了 ASDA 比較便宜外，TESCO / SAINSBURYS 價錢蠻接近的。基本上英國人都是在這三間超市，買菜跟採購日用品，哪個離家近就選哪間。這三間也都可以用網上購物，直接送到家，對於沒有車，又不想搬到手斷掉的朋友，應該多加利用。

3 TESCO

網 | www.tesco.com

74

　　英國第一大的連鎖量販店，之前也曾在台灣開分店，不過後來還是退出台灣市場。它根據店面大小不同，商品的數量多寡也不一樣。比較小間的叫做 TESCO EXPRESS。通常出現在社區或是捷運裡。規模最大的叫做 TESCO EXTRA，從家電、衣服、文具……你能想到的全都有賣，跟台灣的家樂福很像。裡面的家電用品種類很多，也不會太貴，國際食品區包羅萬象，有時候還會看到韓國泡麵、豆奶這類的東西。不過要提醒大家，TESCO VALUE 低價促銷的食品，個人建議不要買，吃過的人都十分難忘……。

CHEESE TWISTER 好吃喔，
到麵包區抓兩條當早餐吧！

4 SAINSBURYS

網 | www.sainsburys.co.uk

販售的產品裡，有大概 20% 是自己的品牌，就像台灣大潤發的自有品牌，價格相對比較便宜。在 SAINSBURYS BASIC 可以挑到一些不錯的東西，最平價的則是 CLASSIC 的系列。它們甚至還有有機產品的專屬產線。名廚 JAMIE OLIVER 也替它們代言出了一些產品，像是意大利麵醬之類的，味道和品質都很不錯。

小分享
×
SOYA MILK

很多剛去英國朋友常問我豆奶（SOYA MILK）是什麼，我想要稍微解說一下。英國也有豆漿跟米漿，不過豆漿是台灣的超級稀釋版，很適合用來取代牛奶加在茶裡；米漿則是不加花生粉的純白色的漿汁。

對牛奶過敏的人來說，這些都是很不錯的代替品。現在英國非常風行用豆奶代替牛奶，所以即使你在星巴克，也可以直接請服務人員幫你替換，有機會可以試試看豆奶茶或豆奶咖啡，其實味道相當不錯。

在 TESCO / SAINSBURYS / ASDA 這三家超市裡都買得到，當然在 M&S 或是 WAITROSE 也會出現，但是價錢會比較貴一些。

豆奶也有分加糖、無糖、香草或巧克力口味，甚至還有低膽固醇專用的，買的時候不要買錯囉！

5 ASDA

網 | www.asda.com

　　我覺得這家很划算，它們的蔬果跟食品常常有特價，雖然種類可能少了一些，但是真的蠻省錢的。雖然這三家都有自己的衣服品牌，不過 ASDA 的衣服品牌 GEORGE，算是在 PRIMARK 之外（另一間低價位服裝品牌）不錯的選擇。像它們推出男生的燕尾服褲子才 15 鎊，西裝外套 25 鎊，品質也都還不差。

　　英國的特價都很實惠，例如買三樣產品只算兩樣的價錢（3 for 2），或是買三樣東西只要兩鎊（3 for £2），在這些優惠的時候買東西都十分划算。還有一項很特別的，英國常會在標價牌的旁邊註記一排小字，直接幫客人換算，譬如說一包 16 捲的衛生紙是 £6.45，旁邊還會註明等於 0.40p 一捲，連奶油都會標，例如 250 克的奶油，也會幫你換算 100 克多少錢讓你比較喔！說到這裡突然覺得自己是一個斤斤計較的黃臉婆。嗚嗚嗚……。

ASDA 有很大的清真肉品區

77

清真肉品（HALAL MEAT）

除了素食以外，倫敦對清真食品有需求的人數也不少，清真肉品餐廳大部分是中東跟印度食物為主，不過就連肯德雞（KFC）的部份分店，也賣通過清真認證的炸雞。

基本上在英國市面販售的肉，並無放血處理，多半是以電擊或其他方式屠宰，想煮湯或是做菜時會覺得腥味較重。清真肉品則是經過放血手續的，所以如果怕腥可以嘗試。

清真肉品在 ASDA、TESCO、SAINSBURYS 都有賣，包裝上都會特別註明「HALAL STANDARD」或印有認證標誌。

6) ICELAND

網 | www.iceland.co.uk

　　這家超市在市中心的分店較少，它大多都賣冷凍食品，以整體價格來講很平民。它的冷凍食品種類十分豐富，從冷凍肉品、薯泥、魚堡、蔬菜都涵蓋在內，還有很多微波食品，全都是速食，而且生鮮類也不怎麼新鮮，對於我這種「健康控」來說，我光走進去，就覺得自己好像很不健康的走出來，所以為了身體健康，我其實並不太買它們家的東西，頂多去看看，有沒有特價的零嘴可以買……。

7

LIDL

網 | www.lidl.co.uk

　　這家德國連鎖店也是走廉價取向，蔬果類算是蠻便宜的，有時候會有一些意想不到的水果大特價。像有一年，一個大西瓜才賣一鎊，我跟朋友們買來打西瓜汁、切水果盤，吃的不亦樂乎。它們也有賣一些生活用品，像是電池、濾水壺這類的，有時候運氣好遇到打折的時候，可以買到很便宜的價格。比起 ICELAND 我個人偏好這間，因為它會有一些不常見的歐洲產品，當然是以德國的商品居多，不過我只有在買特定商品的時候才會上門，像是一些特別的飲料跟德國熱狗香腸，除此之外較少光顧。

79

英國超市小食譜：牧羊人派

　　牧羊人派 (SHEPHERDS PIE) 是英式傳統的家常食物也是最受歡迎的料理之一，早期的英國家庭主婦，經常利用前一天吃剩的燒烤羊肉，切碎後在第二天做成牧羊人派。牧羊人派採用的是羊肉，利用炒過的肉，用高湯與蔬菜慢火燉煮後，鋪在烤盅下層，上層再鋪上鬆軟的馬鈴薯泥進烤箱烤到金黃，嚐起來口感綿柔滑順。我覺得這道菜不論是大人小孩都很愛吃。尤其是一些對蔬菜挑食的小朋友，也可以利用這道菜讓他們把蔬菜吃光光，整體來說算是健康喔！

材料準備：
* 牛絞肉或是羊絞肉自行選擇
* 洋蔥 1 顆切丁
* 大蒜 5 顆切碎
* 1-2 杯冷凍蔬菜丁
* 4 顆中型馬鈴薯
* 4-5 湯匙奶油
* 牛奶少許
* 紅酒半杯
* 香料：1 包英國 COLMANS 香料
　　（在英國各大超市都可以買到），
　　　　鹽，黑胡椒

在台灣代替 COLMAN'S 香料包可以使用高湯塊＋ Worcestershire sauce 梅林辣醬油 1 湯匙＋羅勒葉＋番茄糊＋鹽＋黑胡椒＋少許太白粉勾芡

1. 馬鈴薯去皮放在水裡煮熟，喜歡吃馬鈴薯的人可以多弄一點

2. 鍋裡加入橄欖油後，放進準備好的洋蔥丁跟蒜末，爆香到微微焦黃。

3. 加入牛肉／羊肉，冷凍蔬菜，一杯水，紅酒跟香料包，然後慢慢攪拌煮熟至粘稠收汁備用

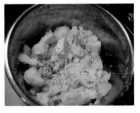

4. 煮熟的馬鈴薯瀝水，然後加入奶油、少許牛奶、鹽、羅勒葉，攪拌均勻成泥狀備用．

5. 入模，大概份量是餡一半馬鈴薯一半。

6. 鋪上剛剛準備好的馬鈴薯泥，利用叉子尖角部位畫出線條．

7. 烤箱設在180度烤20到25分鐘，看到馬鈴薯上色後可以出盤。

8. 完成！

亞洲食材
系列超市

中國超市

　　倫敦其實很多中國超市，其中以龍鳳行（LOON FUNG）跟泗和行（SEE WOO）為主，各有多間連鎖店。在唐人街裡面有很多中國商店，大部份的東方食材也可以找到。新鮮的水果、蔬菜（空心菜或是白菜類）、冷凍水餃、蛋餅、包子、醬油、調味料⋯⋯基本上都可以買得到。

　　這些超市有旗艦貨倉店，裡面有更多的選擇，像是雞骨、豬骨、雞心⋯⋯等這類比較中式的材料。這些旗艦店，大多在 NORTH GREENWICH 地鐵站，跟 DLR 上的 PONTOON DOCK 站。NORTH GREENWICH 那站，還有一間五豐行東西也很多，菜價比泗和行便宜一點。如果你在倫敦久住可以去逛逛，應該會大有收穫。

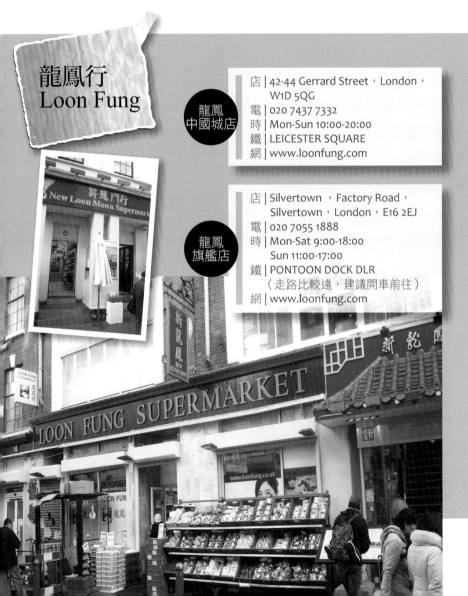

不過有一件事要提醒，在英國餐館裡的白飯，多半是顆粒分明細長型的泰國香米，台灣人吃的，在英國叫日本壽司米（JAPANESE SUSHI RICE），糯米則稱為 STICKY RICE。很多同學第一次買米的時候，都一頭霧水，我曾經有位天才朋友，誤買了一大袋的糯米回家，結果那袋無辜的糯米，在廚房受盡冷落乏人問津，直到我們端午節包粽子分送給鄰居朋友才耗掉一半，所以買米時要小心，切記，切記！！

龍鳳行
Loon Fung

龍鳳中國城店

店｜42-44 Gerrard Street，London，W1D 5QG
電｜020 7437 7332
時｜Mon-Sun 10:00-20:00
鐵｜LEICESTER SQUARE
網｜www.loonfung.com

龍鳳旗艦店

店｜Silvertown，Factory Road，Silvertown，London，E16 2EJ
電｜020 7055 1888
時｜Mon-Sat 9:00-18:00
　　Sun 11:00-17:00
鐵｜PONTOON DOCK DLR
　　（走路比較遠，建議開車前往）
網｜www.loonfung.com

泗和行
See Woo

泗和
中國城店

店 | 18-20 Lisle Street，
　　London，WC2H 7BE
電 | 020 7439 8325
時 | Mon-Sun 10:00-20:00
鐵 | LEICESTER SQUAREE
網 | www.seewoo.com

泗和
旗艦店

店 | Furlong House，Horn Lane，
　　Greenwich，London，SE10 0RT
電 | 020 8293 9393
時 | Mon-Sun 9:30-19:00
鐵 | NORTH GREENWICH 轉公車 472
　　或是 486 到 ASDA 站下車
網 | www.seewoo.com

五豐行
旗艦店

店 | Unit 4 Meridian Trading Estate，
　　Lombard Wall，London，SE7 7SW
電 | 020 8293 3533
時 | Mon-Sun 9:30-19:00
鐵 | NORTH GREENWICH 轉公車 472
　　或是 486 到 ASDA 站下車

五豐行
Five Crops Cash
& Carry

84

JAPAN CENTRE

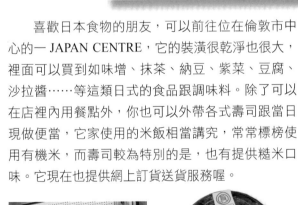

店 | 14-16 Regent Street，
 London，SW1Y 4PH
電 | 020 3405 1152
時 | Mon-Sat 10:00-21:00
 Sun 11:00-19:00
鐵 | PICCADILLY CIRCUS
網 | www.japancentre.com

日本超市

　　喜歡日本食物的朋友，可以前往位在倫敦市中心的一 JAPAN CENTRE，它的裝潢很乾淨也很大，裡面可以買到如味增、抹茶、納豆、紫菜、豆腐、沙拉醬……等這類日式的食品跟調味料。除了可以在店裡內用餐點外，你也可以外帶各式壽司跟當日現做便當，它家使用的米飯相當講究，常常標榜使用有機米，而壽司較為特別的是，也有提供糙米口味。它現在也提供網上訂貨送貨服務喔。

　　在市中心附近有兩三家韓國超市，其中 CENTER POINT 這家比較好找，如果想找一些韓國料理的材料，這裡都可以找到。不過如果只是想買一些很基本的東西，像是泡菜、韓國泡麵……這類的，在普通的中國超市就可以買到，不必特地跑一趟。

店	20-21 Giles High Street，London，WC2H 8LN
電	020 7836 9860
時	Mon-Sat 10:00-23:00　Sun 12:00-23:00
鐵	TOTTENHAM COURT ROAD
網	www.cpfs.co.uk

CENTER POINT FOOD STORE

說真的，在英國待久了，還是會非常想念台灣的食品，我覺得就是這種想吃的慾望，促使我自己去找各種不同的食譜。說真的，只要想一解饞癮，碗糕、炸排骨、雞排、粽子、包子、餃子、蛋餅，都可以在英國變出來，完全看你自己要不要動手做做看。

1

老趙包子

網 | yummy.taiwanese.co.uk

如果真的太懶，有個網站可以訂購，直接送到家裡。它專門做包子、餃子、粽子，所以對住倫敦的同學還蠻方便的，尤其是在考試爆肝期間，沒空煮飯時，買一些放冷凍庫，要吃再蒸一下，會替你省去很多工夫。有一件事要提醒一下，在老趙的網頁上，價錢有時候會更動，所以打電話去訂的時候，要先確認清楚比較好喔。

87

正港台灣好滋味

Yummy.Taiwanese.co.uk

手工包子，餃子，粽子 - 純粹家庭手工，價錢公道，有家鄉的口味又！歡迎訂購~可親自取貨或送貨到府。

FREE DELIVERY:
North West & Central London: on orders over £30.00
South East London: on orders over £50.00

 包子 粽子 餃子 泡菜

2 TAIPEC

網 | www.taipec.com

　　想要吃一些很台灣的零食，從英國的台沛 TAIPEC 網站上，就可以直接訂購，而且可以用 PAYPAL 網路結帳，付款十分便利。現在台沛的東西，可在中國城的榮業行，跟格林威治的五豐行買到，但是產品比較不齊。台沛網上有很多在台灣常見到雜貨，從黑松汽水、甜八寶、維力炸醬麵到張君雅小妹妹點心麵，都可以找到，算是解饞的好地方。

小分享
×
PAYPAL

PAYPAL

網 | www.paypal.co.uk

PAYPAL 在英國非常的方便，它是一個代付費轉帳的網站。登記後，使用這種付款方式在網上買東西會比較安全，較不會有資料外洩的問題。

它的運作方式，基本上就是在 PAYPAL 設立一個戶頭連到你的銀行賬戶，當你買東西的時候 PAYPAL 會幫你先付錢然後再從你的帳戶扣款。在英國網路上買賣東西，我都是用這個方式，比較有保障。

讓大家看看台灣的珍珠奶茶也瘋到英國來了！

店 | 105 Golders Green Road，
London，NW11 8HR
電 | 020 84584112
時 | Mon-Sun
8:30 am to 10:30 pm
鐵 | GOLDERS GREEN

老樹
OLD
TREE

3 老樹 OLD TREE

　　有一間台灣複合式小餐廳，我覺得不錯，它叫做老樹 OLD TREE。雖不在市中心內，但我覺得它的簡餐跟台式的麵包，味道真的比較道地，所以想解解鄉愁的朋友，不妨去試一下。

　　他們唯一的缺點是服務生態度不佳，沒辦法按讚，但我的目的是去吃東西，所以通常會默默忽略服務品質。另外，在往老樹的路上有蠻多小店，所以跑這麼遠不會只去吃東西，沿路也是有好玩的商家可以晃晃。

店 | 4 Macclesfield Street，london，
    W1D 6AX
電 | 0207 287 0288
時 | Mon-Sun 12:00am-23:00pm
鐵 | Leicester Square

梁山
好漢

4 梁山好漢

　　中國城有一間叫梁山好漢的餐廳。它做的是台灣小吃，剛開店的時候，我立刻跑去吃，小籠包、筒仔米糕、三杯雞都還算有水準，而價錢也算是公道，所以瞬間爆紅，幾個月內還多開了兩家分店，其中一間裝潢比較高級，專做老外生意。但後來過了幾個月，食物的品質有些變差，雖然又再光顧了幾次，但總是敗興而歸。不過想解解饞，它也算是一個好地方，畢竟在英國能吃到蚵仔煎這種東西，就該偷笑了。

　　其他可以吃到台灣食物的餐廳，其實並不多，因為英國的中國城是以港式主導，你可以吃到超好吃的港式點心，美味的叉燒油雞跟港式炒飯、炒麵，但就是難嚐到道地的台灣小吃。

chapter 2.4
素食料理最流行

　　在英國對吃素的人而言其實不麻煩，剛開始可能會覺得沒什麼東西可以吃，尤其是到餐廳裡，好像只有沙拉跟蛋餅可以選。其實英國吃素的人也不少，甚至有一些吃水果素（FRUITARIAN），就是只吃水果、堅果類跟種子，有些人甚至覺得不可以吃種子，因為它可以長大成另一個有生命的植物，而只吃自然掉落的水果。

　　看到這裡請不要覺得不可思議，因為我身邊有朋友正是如此，他們對大自然的生命如此愛護，讓我覺得欽佩……。在英國這個大熔爐裡，不同的思想，讓這個城市變得更加有生命力。

素食料理（VEGETARIAN）

素肉在超市都可以買到，最常見品牌是 QUORN，因為這品牌太有名，幾乎代替素肉這個英文字，我自己也偶爾會買，個人覺得品質還不錯，煮義大利麵這類的餐點十分方便。不過如果你是全素的食用者，請自己多加留意，因為在英國「VEGETARIAN」這個單字，多半是指奶蛋素，VEGAN 指的是不含動物成份，但是可能含蔥跟蒜。

在中國超市裡，也可以買到中國式的素肉罐頭、麵輪或是一些乾料，不過這些東西很輕，其實可以在台灣帶一些自己想吃的過去。

在外面餐廳吃飯，只要菜單旁邊有（v）這個記號時，就代表是素的可以安心食用。其實英國人很能體諒素食者，如果你特別想吃某種東西，你甚至可以請餐廳幫你替換。

在英國一些土耳其的沙拉店，例如 SOUTHWARK STATION 後方的 TAS，就有很多好吃的素食，像是豆泥、烤青椒、羊奶起司沙拉……等，而且都很便宜。你可以挑好幾種，每盒的價錢都在五到六鎊以下，不過它並不是純素店，所以還是要問一下哪幾道菜是葷的喔。

FOOD FOR THOUGHT

店 | 31 Neal Street，Covent Garden，London，WC2H 9PR
電 | 020 7836 0239
鐵 | COVENT GARDEN

這間素食店主要賣的是一些熱湯（SOUP）、燉飯（RISOTTO）、鹹派（QUICHE）這類的餐點，價位十分便宜，而且食物都是已經煮好的，不需要等候多時，服務人員當場就會盛給你。它的內用區在地下室，感覺很溫馨，不過人多的時候稍嫌擁擠。總體來說，如果撇開服務品質，你可以吃到便宜又美味的素食。

店 | 12-14 Heddon Street off，
Regent Street，
London，W1B 4DA
電 | 020 7758 4110
鐵 | PICCADILLY CIRCUS

TIBITS

2 TIBITS

　這間素食小酒吧式的餐廳，在當地小有名氣，大家常吃的餐點是「食物船（FOOD BOAT）」，它有很多不同的菜色，以及多種蔬果和甜點，請自己拿一個橢圓形的盤子，挑選任何你想吃的東西，最後以秤重方式計算你的價錢。這跟台灣的素食餐廳有點類似，東西乾淨、健康、好吃。

　它們提供早餐、午餐跟晚餐以及酒精飲料，不知道是不是因為近年風行健康料理的關係，常會有明星跟政治名人在這裡用餐，是另一個有趣的現象。

3 VANILLA BLACK

VANILLA BLACK

店 | 17- 18 Tooks Court，
London，EC4A 1LB
電 | 020 7242 2622
鐵 | CHANCERY LANE

　你吃過素食的精緻美食（FINE DINING）嗎？這間店就是要挑戰素食的藝術，每道菜都十分精緻、美麗且討喜，有許多令人驚喜的口味。餐廳裝潢屬於裝飾藝術（ART DECO）的風格，十分的舒適。我個人建議吃午餐套餐，前菜＋主餐＋甜點，一個人大約23-50鎊，雖然價位較高，但以素食來說，這是少見的素食高檔餐廳，也算是素食者慶祝節日的好地方。不過我建議要先訂位，免得沒有座位白跑一趟喔！

chapter 2.5
倫敦美食無國界

　　對於一個愛吃鬼來説，吃為主，玩為輔。基本上如果沒有吃到好吃的，我總會玩得不滿足，而且會心情低落，手腳冰冷和脾氣暴躁……所以勒，我決定介紹一些我吃過的餐廳，然後告訴你附近有什麼值得玩的，讓你在飽餐之餘做一下飯後運動。因為説實話，要我吃個冷冰冰的三明治，逛大英博物館，實在太殘忍了啊！希望這種玩法適合愛吃的同好嘍！

　　還有俗話説得好，路長在嘴上，因為大家必玩的觀光景點都很有名，你只要在對的區下對車站，隨便抓一位看起來好心的路人甲，指一下我書上英文的部份，基本上應該會比你看地圖看個老半天快很多，這可是我多年旅遊的經驗啊！（不負責任中……）

餐廳小常識

去餐廳吃飯選中午最好，因為中午屬於冷門時段，有價格較低的 LUNCH MENU。英國人通常買個三明治就搞定一餐，說三明治是英國的國菜也不為過（不過我恨冷三明治），所以餐廳為了吸引顧客，會在中午做減價的套餐餐點，同樣的菜，換到晚上就要加 30% 的錢喔。

還是想晚點吃？好吧，一些比較高級的餐廳會做戲前套餐（PRE THEATRE SET MEAL），所謂「戲前」是指音樂劇或是電影……等晚上活動之前。大部份從四點到七點左右，這會比午餐貴但還是比晚餐便宜。

在餐廳如果你不想付錢買礦泉水，一定要說你要 TAP WATER（水龍頭的水）。因為有些貴的餐廳，一瓶名牌礦泉水就要收你 5 到 6 鎊，然後再加 10% 服務費，你都可以吃前菜了。礦泉水有兩種，STILL（正常礦泉水）、SPARKLING（氣泡礦泉水），不要叫錯啦，有些人超討厭氣泡水的味道，但英國人很愛。

小費通常在比較好的餐廳已經自動加上，所以不用再額外給，看帳單上有沒有 SERVICE CHARGE INCLUDED。沒有寫的話就是沒有加小費，如果它們服務不錯，可以留些小費打賞。另外，進餐廳時即使有很多空位，還是拜託你耐心的等人替你帶位，自己隨便走進去一屁股坐下很失禮喔！

路線 1 COVENT GARDEN

Mercer St
COCO DE MER
Monmouth Street

Neal Street

Endell St

BELGO
Shelton St

KULU KULU
Shelton St

Long Acre
COVENT
GARDEN

ROYAL OPERA HOUSE

Floral St

king Street

CLOS
MAGGIORE

Covent Garden Market

Jubilee Market

LONDON
TRANSPORT
MUSEUM

店 | 50 Earlham Street
　　London，WC2H 9L J
電 | 020 7813 2233
鐵 | Covent Garden
網 | www.belgo-restaurants.co.uk

1 BELGOS

96

　　BELGO 這間店就在科芬園 COVENT GARDEN 正中心。來這裡就是一定要吃它的淡菜 (MUSSELS)，其實它的香腸薯泥也不錯，尤其香腸是瘦肉較多的那種，咬下不會覺得滿口肥肉。我推薦午餐來吃比較合適，因為它會提供特別套餐。來的話順便喝杯水果酒試試看，我覺得女生應該會蠻喜歡的，也可以嘗試蜂蜜、香蕉、椰子這類的水果啤酒。不過多喝還是會醉啦，自己酌量吧。不過醉了的話，就在這區隨地放個帽子，假扮街頭藝人翩翩起舞一下，應該會有人投錢給你喔！（開玩笑的……）

2 CLOS MAGGIORE

　　這是一間被公認為最浪漫的精緻餐廳，價位偏高，但餐廳裡面別有洞天，擁有一個室內花園跟美麗的花草植物，甚至還有真的壁爐！

　　我個人很喜歡這間餐廳，雖然沒有米其林星星，但是菜色十分精緻，價錢的高低完全看你怎麼挑選。我覺得可以嘗試它們的午餐套餐 LUNCH MENU 或是 PRE-THEATER MENU，價位大概在 22.50-26.50 鎊，點三道菜套餐，應該是比較划算的方式。但如果想要直接單點晚上的 A LA CARTE 的話，就會比較貴嘍。我覺得這家是很適合情侶約會的好地點！

店 | 33 King Street，Covent Garden，City of London，WC2E 8JD
電 | 020 7379 9696
鐵 | Covent Garden
網 | www.closmaggiore.com

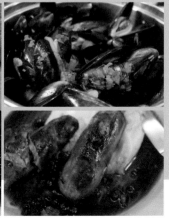

店 | 51-53 Shelton Street，
London，WC2H 9HE
電 | 020 7240 5687
鐵 | Covent Garden

3 KULU KULU

英國現在大吹壽司風，因為覺得少油又健康，像是英國的 YO!SUSHI 或是 ITSU 壽司連鎖店滿街都是，但又貴又不好吃，我的外國同事還一直跟我說有多好有多好，直到他去吃了這間日本小店，很認真的跟我說：「果然味道不同，新鮮度等級有差。」比起一大堆騙老外的 SUSHI 店來講，這間看似平庸的日本壽司店，算是較佳的選擇，你也可以請師傅現做，尤其是它的軟殼蟹手捲 SOFT SHELL CRAB HAND ROLL 真的很不錯。一個人吃下來大概在 15 鎊左右。

COVENT GARDEN 去哪裡逛逛？

　　妳如果有個悠閒的下午，可以前往位於柯芬園的
COVENT GARDEN MARKET ＋ JUBILEE MARKET，基本
上來這一區，就是要來逛逛它的商店還有市集跟小攤販，
然後隨性的坐在廣場地上喝杯咖啡，看一下街頭表演。走
氣質路線的帥哥美女，可以去附近的皇家歌劇院 ROYAL
OPERA HOUSE，看看可不可以買到現場的便宜票，它們以
古典歌劇跟芭蕾為主。

COVENT GARDEN MARKET

店 | Covent Garden，London，WC2E 8RB

JUBILEE MARKET

店 | South Piazza，Covent garden London WC2E 8BD

ROYAL OPERA HOUSE

店 | Covent Garden，London，WC2E 9DD

99

　　另外，倫敦交通博物館 LONDON TRANSPORT MUSEUM 也在附近，裡面有很多舊的公車跟電影場景還蠻懷舊的，是拍照的好地方，而且紀念品種類繁多，非常有特色，可以盡情挑選。

LONDON TRANSPORT MUSEUM
店｜Covent Garden Piazza, London， WC2E 7BB

　　著名的英國大英博物館，也可以從這裡步行前往喔（大約 15 分鐘）。這邊有許多連鎖服飾店或是自創品牌店，幾乎整區都是店家林立，所以大家就自行探索一下吧。這區也算是買伴手禮的好所在，請參照我後面的的伴手禮區，爽快的選購吧！

BRITISH MUSEUM

店｜Great Russell Street，Bloomsbury，London， WC1B 3DG

COCO DE MER

店 | 23 Monmouth Street，London，WC2H 9DD

順帶一提，這裡有一家很不錯的情趣內衣用品店叫 COCO DE MER，我大學時跟它們合作過一個案子，因而認識它們的品牌。我覺得它們的東西非常不錯，而且相當有質感。在台灣的情趣用品店，通常讓人不敢進去，現在你在倫敦，一個開放的西方世界，終於可以大方的走進去了，一點也不用害羞，更不要覺得尷尬，可以盡興的試穿瀏覽。店裡裝潢非常典雅有特色，物件也十分齊全，從性感睡衣、設計長靴、按摩油、造型巧克力、各式情趣用品，到藝術書籍都有，聽說連安潔莉娜裘莉都是常客。它還有講座可以參加，十分具有教育性。

路線2 SOUTHWARK / WATERLOO

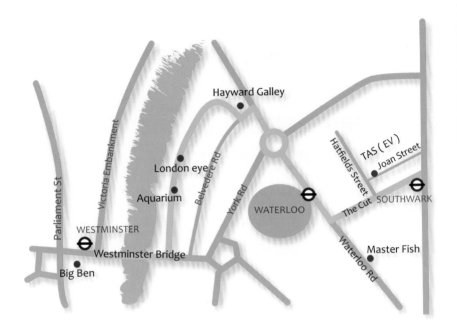

Hayward Galley

London eye

Aquarium

Belvedere Rd

York Rd

Victoria Embankment

Parliament St

WESTMINSTER

Westminster Bridge

Big Ben

WATERLOO

Hatfields Street

TAS (EV)

Joan Street

The Cut SOUTHWARK

Waterloo Rd

Master Fish

1 MASTER SUPER FISH

這間店就在 WATERLOO 的附近,建議你在這兒先吃飽,再到 LONDON EYE 附近去玩,説真的,那裡都是一堆騙觀光客的難吃鬼東西,我只能説這家的炸魚薯條非常道地,而且份量十足(照片上看起來可能還好),而且還會送麵包跟小蝦做前菜。去過幾次之後,我都不敢先吃麵包,因為後面的魚就吃不完了……價位也很親民,一份都在 7、8 鎊左右,是吃炸魚薯條 FISH AND CHIPS 的好選擇。

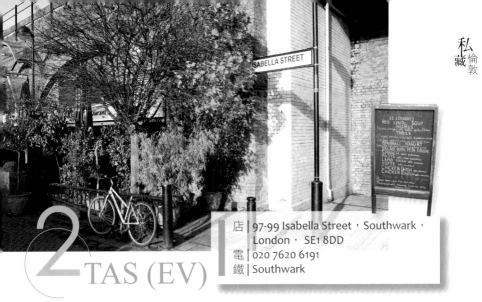

2 TAS (EV)

店 | 97-99 Isabella Street，Southwark，London，SE1 8DD
電 | 020 7620 6191
鐵 | Southwark

　　這是一家土耳其餐廳，附近的兩家連鎖店，都叫同樣的名字。我建議比較省錢的吃法，是去在車站後面靠最左邊的 TAS，因為它有分「餐廳」跟「自己到櫃台選菜」。我說的這家就是後者，類似台灣自助餐的選法，基本上四道小菜差不多四鎊多，再配上麵包，一個人吃可以吃的很飽。這裡也提供很多素菜，而且不能忽略它的好吃麵包，可是師傅現場製作的喔！

店 | 191 Waterloo Road，London，SE1 8UX
電 | 020 7928 6924
鐵 | Waterloo

103

SOUTHWARK / WATERLOO
去哪裡逛逛？

　　TAS 跟 WATERLOO STATION 離的很近，走路大概 10-15 分鐘，可以直接到河邊 THAMES RIVER 逛逛。我跟朋友常在 TAS 外帶，然後走到倫敦眼（LONDON EYE）旁邊的綠地上野餐看風景。倫敦眼是倫敦的大地標，每年吸引超過 350 萬遊客，它的 32 個車廂代表倫敦的 32 個市鎮，每個包廂都非常大，視野非常好，但是 360 度的視野讓我有點腳軟。天氣好的話，可將倫敦景色一覽無遺盡收眼底。

LONDON EYE

店 | Riverside Building County Hall
　　Westminster Bridge Road，
　　London，SE1 7PB

LONDON AQUARIUM

店 | County Hall ，Westminster Bridge Road
London SE1 7PB
電 | 0871 663 1678

　　河邊有許多小店，而且倫敦海洋館
（LONDON AQUARIUM）也在附近，可以
順便參觀一下。在水族館裡有企鵝、海龜、
鯊魚⋯⋯等多種海洋生物，也算是熱門景點。

　　除了倫敦眼跟海洋館之外，也可以
順道拜訪一下海沃德畫廊（HAYWARD
GALLERY），裡面是以英國現代美術做為重
點，有紀念品可以購買。

HAYWARD GALLERY

店 | Southbank Centre， Belvedere Road，
City of London， SE1 8XX
電 | 020 7960 4200

HOUSES OF PARLIAMENT / BIG BEN

店 | Westminster，London，SW1A 0AA
電 | 020 7219 3000

　　沿著這個河岸，每到接近聖誕節時，都會有一些小販在晚上擺攤，還有街頭藝人表演。如果往水族館方向走，你會看到遠方的西敏寺大橋（WESTMINSTER BRIDGE），很多遊客喜歡在這裡照相留念。走上橋可以看見有名的大笨鐘（BIG BEN），過橋後右手邊就是西敏寺捷運站 WESTMINSTER TUBE STATION，不需要再繞回 WATERLOO 車站搭車。

SOFRA

James St

Selfridges ●

Bond street

Debenhams ●

John Lewis ●

Oxford Street

Gilbert St

SOUTH MOLTON STREET

BROOK STREET

PAUL SMITH SHOP ●

AVERY ROW

1 SOFRA

店 | 1 St Christophers Place，London，W1U 1LT
電 | 020 7224 4466
鐵 | Bond street
網 | www.sofra.co.uk

這家土耳其餐廳位於市中心，我覺得以倫敦市區餐廳而言，價位非常划算。我跟朋友在 BOND STREET 逛街逛累了，常常來這裡大吃一頓。它的肉類餐點很不錯，我最愛它的主廚推薦（CHEFS SPECIAL）。午餐的話 11.95 鎊，就可以吃到多種健康小菜，跟三種不同的肉類。這間店雖然藏在一個小巷子裡，但是有標示不會太難找到。

107

從這個小巷子進去 !!!

108

BOND STREET 去哪裡逛逛？

　　克里斯多佛廣場（ST CHRISTOPHERS PLACE）這裡是 BOND STREET 商圈裡的一個小綠洲，因為此處大多是賣衣服鞋子的，所以吃的東西不多，吃完 SOFRA 以後可以直接去訓練腳力，把整條街走透透。從地鐵站的 MARBLE ARCH 一直到 TOTTENHAM COURT ROAD 這幾站之間（MARBLE ARCH、BOND STREET、OXFORD STREET、TOTTENHAM COURT ROAD），其實是一條很長的購物街，如果是往 MARBLE ARCH 的方向走，有一家超大的 PRIMARK，這間價位低廉的衣服店，在近幾年內十分風行，英國人幾乎人手一件。

　　另外，這一區特別值得去逛的是，設計師 PAUL SMITH 男裝的折扣商店。其他所有大牌子的連鎖店像是 GAP、FRENCH CONNECTION、REISS、BODY SHOP、CAMPER、ZARA、H&M……等，都可以在這裡找到。不過在這裡，最有名的就是 SELFRIDGES 百貨公司，眾多英國的鞋子品牌，人人幾乎都可以在這裡找到適合的鞋子。

SELFRIDGES

店｜400 Oxford Street，
London，W1A 1AB

　　如果往 OXFORD STREET 的方向走，路上幾間大百貨公司，像是 JOHN LEWIS，裡面什麼都有，而且品質很好，價格是中間價位。DEBENHAMS 是另一家大型百貨公司，它與知名設計師合作出了許多自己的品牌。如果想看一些更詳細的購物介紹，請參考「購物路線」的章節。

DEBENHAMS

店 | 334-348 Oxford Street，
　　London，W1C 1JG

JOHN LEWIS

店 | 300 Oxford Street
　　London，W1A 1EX

私藏倫敦

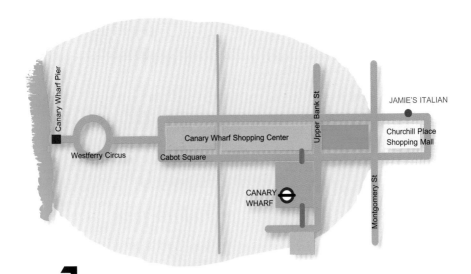

1

JAMIE'S ITALIAN

　　它是 JAMIE OLIVER 有名大廚的餐廳,剛開始我被名氣嚇到,結果發現價位還算令人滿意。來這裡的話,我建議吃義大利肉醬麵(SPAGHETTI BOLOGNESE),因為味道真的很讚。這裡的意大利麵都是當日現做,所以吃起來相當新鮮、口感紮實,和超市裡賣的乾麵條完全不同,是會讓人上癮的好滋味。

111

它有兩種不同大小的份量，如果你是小鳥胃，可以考慮點小份量的，但是基本上我都叫大盤的，吃起來比較過癮，前菜的話可以考慮點 "椒鹽魷魚配大蒜美奶滋"（CRISPY FRIED SQUID WITH GARLIC MAYO），兩個人分著吃剛剛好。近幾年，柯芬園也開了一家分店，但吃過一次後大失所望，跟 CANARY WHARF 這間實在是有些落差，所以如果不想踩到地雷，還是來 CANARY WHARF 比較保險。

店 | Unit 17，2 Churchill Place，Canary Wharf，
　　London，E14 5RB
電 | 020 3002 5252
鐵 | Canary Wharf
網 | www.jamieoliver.com/italian/

CANARY WHARF 去哪裡逛逛？

　　這裡剛好是倫敦的金融中心，高樓大廈林立，非常現代化的高科技感。地鐵站的出入口，設立在一個購物商圈裡（CANARY WHARF SHOPPING CENTER）。裡面有常見的連鎖店和超市，像是 WAITROSE、M&S、TESCO。整個商場非常乾淨高級，可以好好的在那邊購物逛街，不過中午用餐時間，上班族人潮較多。吃完飯後，還可以在購物商圈裡的 ZAZA 買個冰淇淋，這個小攤的義大利冰淇淋非常好吃喔！

　　另外，也可以去附近的泰晤士河畔走走，甚至可以在河畔搭船回市區（CHARING CROSS）。沿途享受一下英國的河邊風光，不過冬天的時候有點太冷，比較不推薦，夏天的時候倒是值得去放鬆一下。

這區雖然都是高樓大廈，但是它的夜景也有其美麗之處。

● NANDOS

Lamb Street

Commercial Street

Bishopsgate

Old Spitalfield Market

 Giraffe

Brushfield Street

Liverpool Street

1 NANDOS

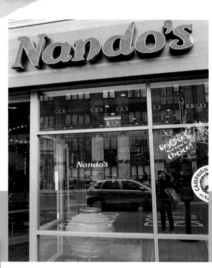

店 | 114-118 Commercial Street
　　Spitalfields，E1 6NF
電 | 020 7650 7775
鐵 | LIVERPOOL STREET
網 | www.nandos.co.uk

這間是在 CANARY WHARF SHOPPING CENTER 購物中心裡面的分店，它的店很多，可以上網找一下那家離你最近！

店 | Spitalfield Market ，London ，E1 6DW
電 | 0203 1162000
鐵 | LIVERPOOL STREET
網 | www.giraffe.net

2 GIRAFFE

倫敦有很多複合式餐廳（FUSION），有些融合多種文化元素，產生出很多新鮮的菜種。我自己還蠻喜歡這間長頸鹿餐廳，因為裡面每國的菜色都有一些，種類繁多而且都還蠻好吃的。這裡的裝潢也很有特色，而且每次的音樂都有點不一樣，不過大部份是非洲打擊樂或拉丁音樂。最值得一提的是它的甜點，要大膽的嘗試看看。

這家是倫敦有名的烤雞餐廳，它的醬料十分特別，叫做 PERI-PERI SAUCE，這個辣醬對喜歡吃辣的人來說，一定會愛不釋手，不過如果是不吃辣的人，也可以試試他的大蒜香料醬（GARLIC AND HERB）。我通常喜歡吃他的雞翅，因為肉質鮮嫩沒有雞胸那麼乾，很多人一起吃的話可以吃全雞或半雞，附加餐點部份，例如甜薯泥、烤玉米、薯條或是沙拉，都是不錯的配菜。如果你真的很愛它的醬料，偷偷跟你說，在大超市也買得到喔！

LIVERPOOL STREET 去哪裡逛逛？

　　這裡基本上就是一個超多市集的地方。隨便數數也有四個，所以週末來這區消磨時間，是最好的選擇。最近的市集是 OLD SPITALFIELD MARKET，裡面是設計師的手工天堂，很多設計師會自己在裡面賣飾品、畫作、衣服、還有手縫創意布包。市集的部份，本書有獨立的章節介紹，所以這裡暫不多說。

　　喜歡吃可麗餅的人有口福了，在 SPITALFIELD MARKET 附近有一間可麗餅店，叫做 CREPE AFFAIRE，它的菜單很有趣，其中有一道口味名稱，叫做 " I'LL HAVE WHAT SHE'S HAVING" （我要吃她吃的那個），十分適合不知道要吃什麼的客人。

SURREY QUAYS

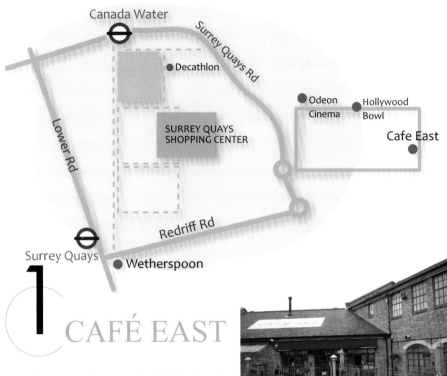

Canada Water

Surrey Quays Rd

Decathlon

Odeon Cinema

Hollywood Bowl

SURREY QUAYS SHOPPING CENTER

Cafe East

Lower Rd

Redriff Rd

Surrey Quays

Wetherspoon

1 CAFÉ EAST

這個車站是很多華人留學生的大本營,因為環境生活機能便利。喜歡吃越南牛肉麵的讀者,這家餐廳價位便宜又大碗,在大家的口耳相傳下,應該是在地華人都聽過的店家。不過它的位置有點偏僻,先找到那區唯一的電影院跟保齡球館,然後直走到底,你就能吃到美味的料理了。

店 | 100 Redriff Road ,Surrey Quays Leisure Park,South East,London,SE16 7LH
鐵 | Surrey Quays

117

店 | 185 Lower Road，Rotherhithe，Greater
　　London，SE16 2LW
電 | 020 7394 2832
鐵 | SURREY QUAYS
網 | www.jdwetherspoon.co.uk/

2 WETHERSPOON
| THE SURREY DOCK |

　　英國酒館文化，大家應該耳熟能詳。英國的酒吧幾乎是老
少咸宜，不只有提供酒類，也有很多的英式餐點，價錢十分
划算。像是英式早餐（ENGLISH BREAKFAST）烤吐司、滑
嫩炒蛋、香煎培根香腸、番茄豆子醬、香酥薯餅，都在 3 到 5
鎊左右。除此之外也常有促銷活動，例如兩人同行套餐只要 5
鎊多之類的。

　　這家有名的連鎖店，在英國大街小巷幾乎都看得到。除了這家以外，當然也有很多獨立的小酒館，尤其到下班時間，酒吧外面往往擠滿了下班的人潮。

　　在英國，跟同學或是工作夥伴喝兩杯是一定要的，不過很多人初進酒館會不知道要點些甚麼，大部分年輕人喜歡喝淡啤酒，其實它就像台啤，算是濃度低氣泡多，許多女生也很喜歡。蘋果酒在味道上稍微甜一些，但是有點酸的後味。苦啤酒是棕色的，由啤酒花跟麥芽發酵，味道較濃且略有苦味。黑啤酒的代表是 GUINNESS，顏色很接近黑色，非常濃也沒有氣泡，喝起來像「甘草＋咖啡」的味道，有苦味，但營養豐富對身體有益，我猜這就是我同事為了想多喝酒的最好藉口⋯⋯，因為健康！

LAGER 淡啤酒 /
在英國受歡迎的熱門品牌為
CALSBERG ， FOSTER'S ，STELLA ARTOIS

CIDER 蘋果酒 /
在英國受歡迎的熱門品牌為
STRONGBOW

BITTER 苦啤酒 /
在英國受歡迎的熱門品牌為
JOHN SMITH， LONDON PRIDE

STOUT 黑啤酒 /
在英國受歡迎的熱門品牌為
GUINNESS， MURPHY， BEAMISH

WELCOME TO SURREY QUAYS SHOPPING CENTRE

SURREY QUAYS 去哪裡逛逛？

　　這區是住宅區，所以景點不多，來這裡可以先吃個飯，然後在附近看電影跟打保齡球。往餐廳的路上有個購物中心（SURREY QUAYS SHOPPING CENTER），裡面有一間很大的 TESCO 跟商店。

　　另外，車站出口旁邊，有一間很大的體育用品（DECATHLON）。這間店絕對是運動愛好者的好朋友。任何跟運動有關的東西，都可以在這個超大的體育店找到，不論是腳踏車、露營工具、登山、游泳、健行……等，所有用具應有盡有。想買台代步的腳踏車？答案就在這裡！

ODEON CINEMA

店 | Surrey Quays Leisure Park，
　　Redriff Road London，SE16 7LL

DECATHLON

店 | Canada Water Retail Park，
　　Surrey Quays Road，London，
　　SE16 2XU

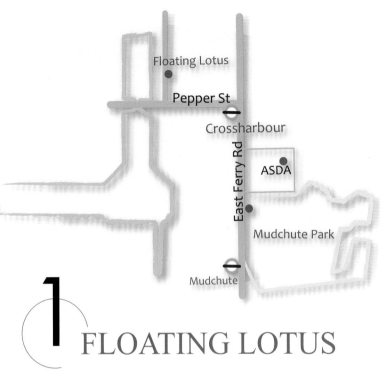

Floating Lotus

Pepper St

Crossharbour

East Ferry Rd

ASDA

Mudchute Park

Mudchute

1 FLOATING LOTUS

這家港式餐廳，如果不是在地人恐怕不會知道，我好朋友的爸爸是香港廚師，每次都會指訂到這家餐廳吃飲茶，而不選擇中國城。特別的是，餐廳本身其實是一艘固定在岸邊的船，一走進去，可以看到窗外的陽光灑進船艙，在英國冰冷的冬天時刻，特別令人心情愉悅。

我是這間店的常客，特別推薦超好吃的叉燒酥跟腸粉，如果有去的話，一定要點喔！基本上它的東西都有一定水準，所以也不怕你亂挑啦！

店 | 9 Oakland Quay，Inner Millwall Dock，
London，E14 9EA
電 | 020 7515 6445
鐵 | CROSSHARBOUR DLR STATION
網 | www.lotusfloating.co.uk/location/

CROSSHARBOUR 去哪裡逛逛？

　　附近有一個 MUDCHUTE PARK 公園，裡面內有玄機，園內其實養了很多小動物像是駱馬、野生山羊、英國豬、雪貂⋯⋯等。它離蓮坊（FLOATING LOTUS）大概 10 分鐘路程，如果真的太懶，可以搭 DLR 坐到下一站 MUDCHUTE，走出來就到囉！

　　整個風景像是倫敦裡的小小世外桃源，吃完飯後去走走，呼吸一下新鮮空氣。園裡也有附設馬場，它算是在倫敦內一個比較不錯的小型馬場，而且如果你住在附近的話，只要出示地址證明，還可以打折上課呢！

路線 8 STRATFORD

Westfield
Shopping Center

Great Eastern Rd

Stratford

Stradford
Shopping Center

gourmet burger kitch

1 GOURMET BURGER KITCHEN | GBK |

店 | Unit LR01，Level 25，301 The Loft，
　　 Westfield Stratford，London，E20 1ET
電 | 020 8534 4390
鐵 | STRATFORD
網 | www.gbk.co.uk

124 　　這間漢堡店有名的是它的水牛肉漢堡（BUFFALO BURGER）跟藍紋乳酪牛肉堡（BLUE CHEESE）。可以試試它的蒜蓉沾醬（GARLIC MAYO），超好吃！店裡有無限量供應的花生，讓你在等餐的時候打發時間，不過切記不要吃太多，因為它的漢堡份量頗大，你可能會吃不完正餐。

　　這家有超多連鎖分店，我為什麼選在這家呢？因為它位於倫敦超級大的新購物商場（WESTFIELD）裡的餐廳區，一出地鐵就有一座步道直通商場，非常方便。吃完大漢堡，接下來的行程就是努力敗家消耗熱量吧！

STRATFORD 去哪裡逛逛？

　　我妹妹超愛這一區，因為所有你想的到的店家這裡都有，不論是 PRIMARK、H&M、ZARA、UNIQLO、M&S、BOOTS…等，基本上所有龐德街（BOND STREET）的商店都被網羅進來，你只要從地下一樓逛到三樓，大概就可以把你需要的所有東西買齊，想大肆購物的觀光客，到這裡就對了，絕對讓你滿載而歸。

　　其實它還有一個最大的優點，就是廁所乾淨又多間。為什麼說這是優點呢？因為若你在龐德街或牛津街逛街，找廁所是一件很困難的事，這其實很不人道，尤其倫敦地鐵老舊，不像台灣在捷運站就有廁所這麼方便。所以對我們這種膀胱無力的女生來說，的確是一大誘因！！

Poundland

店 | 49/51 The West Mall
電 | 020 8536 1795
網 | www.poundland.com

　　這區正是倫敦政府一直在努力發展的奧運區，但以前這區其實一直算是比較貧民的地方，不過現在大幅更新，變得乾淨而現代化。

　　地鐵對面還有一個舊的商圈「STRATFORD SHOPPING CENTER」。因為以前是貧民區關係，商場裡有很多便宜的商店，像 POUNDLAND 所有的東西，從食物到生活用品都只賣 1 鎊，有點像是台灣的十元商店。另外有一家叫做「TIGER」的趣味冰島文具生活店，也可以來逛逛，找找便宜的創意小物。

Tiger

店 | 45/46 The West Mall
電 | 020 8519 2234
網 | www.tigerstores.co.uk

路線 9
LEICESTER SQUARE / PICCADILLY CIRCUS

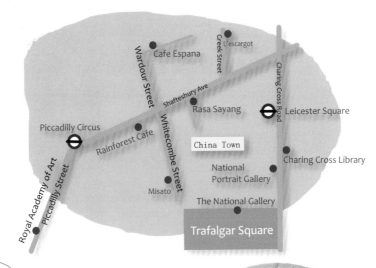

Cafe Espana
Greek Street
L'escargot
Wardour Street
Shaftesbury Ave
Charing Cross Road
Rasa Sayang
Leicester Square
Piccadilly Circus
Whitecombe Street
Rainforest Cafe
China Town
Charing Cross Library
National Portrait Gallery
Royal Academy of Art
Piccadilly Street
Misato
The National Gallery
Trafalgar Square

1 MISATO

店 | 11 Whitcomb Street，London，W1D 6PG
United Kingdom，United Kingdom
電 | 020 7734 0808
鐵 | LEICESTER SQUARE

這間日式小食堂，是留學生的天堂，尤其食量大的男生！一份餐大概在五、六鎊左右，就可以吃到撐，建議點一些大眾口味的菜，像是它的招牌炸雞排（豬排）咖哩飯（CHICKEN / PORK KATSU CURRY RICE）。

因為價位便宜而且份量大，每次這裡都大排長龍，但它不屬於精緻的日式餐點，口味正常，屬於大家可以接受的範圍。

127

2 RASA SAYANG
| Malaysian |

店 | 5 Macclesfield Street，
　　London，W1D 6AY
電 | 020 7734 1382
鐵 | LEICESTER SQUARE（中國城）

　　這間算是我覺得蠻正宗的馬來西亞菜，它的套餐都很不錯吃，建議試試看「NASI LEMAK」套餐還有炒蘿蔔糕。它的菜單都有附圖，所以不用擔心如何點菜，價位上也算是中等合理。

3 RAIN FOREST CAFÉ

店 | 20 Shaftesbury Avenue，
　　London，W1D 7EU
電 | 020 7434 3111
鐵 | PICCADILLY CIRCUS

　　這間是以熱帶雨林為主題的餐廳，一樓賣的是熱帶雨林概念商品，例如樹蛙造型玩偶，地下室才是它的餐廳。餐廳裝潢以大量藤蔓裝飾，仰頭則是星空，餐桌旁擺著許多不同的動物，像是會動的大金剛，耳邊也可聽到不同動物叫聲所組成的音樂，讓你彷彿跳到另一個時空，是一間很有趣的餐廳。

4 CAFÉ ESPANA

店 | 63 Old Compton St，
LONDON，W1D 6HT
電 | 020 7494 1271
鐵 | PICCADILLY CIRCUS

這是家吃西班牙菜的好餐廳，晚上用餐的人比較多，所以建議可以在晚餐以外的時間前往。西班牙有很多小前菜叫做「TAPAS」，如果很餓的話，可以先嚐嚐小菜，配點麵包暫時充飢。

吃西班牙菜當然不可以錯過西班牙海鮮飯（SEAFOOD PAELLA），還有它的淡菜（MUSSELS）、西班牙臘腸（CHORIZO）。我朋友也曾大力推薦這家的香料蒜味烤羊小排（CHULETAS DE CORDERO），大家都可以嘗試看看。

店 | 48 Greek Street，
　　Soho，London， W 1D 4EF
鐵 | LEICESTER SQUARE
網 | www.lescargotrestaurant.co.uk

5 L'ESCARGOT |價位偏高|

　　這間店非常法式，連店名都叫做蝸牛（L'ESCARGOT）。這是一位米其林主廚 MARCO PIERRE WHITE 開的餐廳，它的裝潢非常簡潔，位於 SOHO 紅燈區裡的大巷子，我自己吃過它的晚餐、中午套餐，味道都很不錯。晚餐的話，一道菜大概在 10 鎊左右，所以吃下來並不便宜。所以我還是建議選擇午餐（LUNCH）或是戲前餐（PRE THEATRE）的套餐比較划算，前菜＋主餐＋甜點大約 18 鎊左右。套餐裡面有蠻多以松露為食材的菜色，也可嚐到台灣少見的蔬菜，像是防風草根（PARSNIP）。如果是單點的話，建議吃它的蝸牛跟干貝。

LEICESTER SQUARE 去哪裡逛逛？

這幾間店都位於中國城附近，這裡是市中心觀光客的大本營。尤其皮卡迪利圓環（PICCADILY CIRCUS）跟萊斯頓廣場（LEICESTER SQUARE）地鐵站附近，有很多可以參觀的地方。

PICCADILY CIRCUS 圓環一出來，會看到一個很大的噴水池，很多旅客喜歡在這裡休息照相，所有店家跟景點，都可以從這裡出發，步行就可以抵達。

CHARING CROSS LIBRARY 查寧閣

店 | 4 Charing Cross Road，London， WC2H 0HF
電 | 020 7641 1300

這裡有一間圖書館，擁有大量的中文圖書，叫做查寧閣（CHARING CROSS LIBRARY）。有時候，如果想去別的地方旅遊，但忘了帶旅遊書，也可以在這裡找到。一樓的書多為中文，從武俠小說到醫療書籍，館藏豐富。這裡還有許多中文雜誌可以翻閱，如果你在倫敦想找中文書的話，這裡是很好的地點。

　　這個區有幾個值得參觀的展覽館，如皇家藝術學院（ROYAL ACADEMY OF ARTS），它們常常舉辦大小藝術展覽，推廣油畫、版畫、雕塑跟建築，時常展出不同知名畫家的油畫作品，像是法國知名印象派畫家，愛德加‧竇加（Degas）就在這裡展出過。另外像是一些現代建築作品的攝影，也常在此展覽。

　　國家肖像美術館（NATIONAL PORTRAIT GALLERY），這間藝術館比較特別，因為它只收藏肖像畫，從維多利亞時期的女王像，到政治人物與皇室的名人都被收藏在其中。這間美術館每年都會舉辦肖像大獎，我記得首獎獎金高達 25000 鎊，朋友們也曾被獎金吸引而參加，不過也因為獎金太過吸引人，競爭相當激烈，入選作品也會在美術館展出。它的頂樓也有提供餐點跟下午茶。

NATIONAL PORTRAIT GALLERY
國家肖像美術館

店 | St Martin's Place，London，WC2H 0HE
電 | 020 7306 0055
網 | www.npg.org.uk

ROYAL ACADEMY OF ARTS
皇家藝術學院

店 | Burlington House，London，W1J 0BD
電 | 020 7300 8000
網 | www.royalacademy.org.uk

THE NATIONAL GALLERY
國家美術館

店 | St Martin's Place，London， WC2H 0HE
電 | 020 7306 0055
網 | www.npg.org.uk

　　國家美術館（THE NATIONAL GALLERY），是來英國必遊的景點，因為它位在有名的特拉法加廣場（TRAFALGAR SQUARE）旁邊。這間美術館收藏了眾多有名的油畫，如達文西的「岩洞聖母」。它裡面的畫作是依照年份分類的，從 1500-1600 年的達文西跟拉斐爾，到 1700 年後的梵谷、莫內、塞尚與透納，都囊括其中。除了特展以外都是免費的，閒暇之餘，好好欣賞一下這些美麗的名畫，也讓心靈有另一番收穫。

　　國家美術館附近有一個大教堂 ST' MARTIN，教堂的旁邊有個叫做「CRYPT」的地方，以前的確是地窖，但改建之後，變成一個不小的餐廳，幽暗的地窖風格，是一大特色。另外在附設的紀念品店，可以玩玩銅版拓印，非常有趣。

133

Trafalgar Square London WC2N 4JJ

　　當然，我們可別忘了最明顯的觀光勝地特拉法加廣場，就位在
國家美術館的正前方。

　　除了這些美術館，來倫敦一定要看音樂劇，雖然價位不便宜，
但是你會覺得非常值回票價。你可以在網路上尋找折扣票，或前往
位在 LEICESTER SQUARE 附近的折扣售票亭買票，我個人推薦經
典熱門的歌劇魅影（PHANTOM OF THE OPERA）、獅子王（THE
LION KING）、芝加哥（CHICAGO）、綠野仙蹤前傳（WICKED）。
如果你的英文比較好的話，可以考慮劇情複雜點的，如白衣女人
（THE WOMAN IN WHITE），不然的話，還是選擇一些耳熟能詳
的音樂劇，比較能跟的上劇情發展，享受絢麗的舞台效果，和渲染
力十足的音樂。

網 | www.discounttheatre.com/

LEICESTER SQUARE 車站旁的折扣售票亭

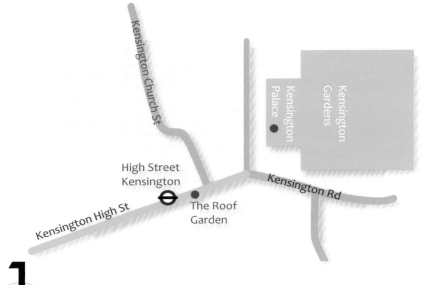

1

THE ROOF GARDEN / BABYLON RESTAURANT

店 | 99 Kensington High Street，London，W8 5SA
電 | 020 7368 3993
鐵 | HIGH STREET KENSINGTON
網 | www.roofgardens.virgin.com

　　屋頂花園餐廳位在倫敦市中心的 KENSINGTON HIGH
STREET。你不會想像的到在幾百英尺的高樓上，居然有
一個這麼神奇的地方。它有三個主題花園，裡面還養了特
別的嬌客火鶴（FLAMINGOS），實在是建築及花園景觀
大師級的傑作。它的價位比較高一點，但是如果秉持吃午
餐套餐的原則，一個人的花費，前菜＋主餐＋甜點大概是
24 鎊左右。不過想想吃完後，還可以到它的花園遊玩、談
天，其實算是物超所值，很多人在這裡消磨美好的午後時
光，享受水泥叢林裡，一片小小的夢幻烏托邦。

圖片來源 | www.roofgardens.virgin.com

HIGH STREET KENSINGTON
去哪裡逛逛？

　　這個站名，顧名思義就是 HIGH STREET，是商店聚集的大街。整條街上商店林立，如果時間充裕的話，還可以去看看肯辛頓宮／花園（KENSINGTON PALACE／PARK），也在附近大約 10-15 分鐘路程。肯辛頓宮，聽説將是威廉王子跟凱特的新家，現在正在裝修，據聞 2013 年，這對皇室夫妻會搬進入住。

　　肯辛頓花園的西側，是戴安娜王妃亡故前的住所，只有部份對外開放，而且提供免費的錄音導覽。它裡面的皇室服飾收藏相當豐富，館藏從瑪麗女王的結婚禮服，到伊利莎白二世的家居禮服和配件都有，在這裡你可以重溫電影裡，奢華的上流社會宮廷生活。

　　改建的行宮，現在變得十分有故事性，不再只是傳統的導覽，像它們之前推出某幾場特展，裡面添加了不少互動性的設備，跟現代藝術裝置，利用現代前衛及充滿想像力的方式，去表現這裡曾經發生過的故事，並運用大量的童話色彩，講述公主們的愛恨情仇，以及許多不為人知的祕密，相當值得一看！展覽的最新動態可以在網站上查詢。

網 | www.hrp.org.uk/KensingtonPalace/

KENSINGTON PALACE

店 | Kensington Garden，Greater London，W84 PX
電 | 020 3166 6000

1 PETRUS

　　這是我吃過最好吃的一間法國餐廳！不管是餐廳的氣氛、食物還是服務，都是頂級的享受，現在由大廚 MARK ASKEW 掌廚。PETRUS 本身也是名廚 GORDON RAMSAY 旗下餐廳，但是我覺得就屬這間最值得嘉獎。GORDON 算是電視名廚中的傳奇人物，號稱火爆大廚，他在成立自己的餐廳後，被授予米其林三顆星，是英國四名大廚之一。我吃過很多 GORDON RAMSAY 開的餐廳，但在著名大飯店 CLARIDGE 跟 SAVOY GRILL 的店，就有一種不滿足的空虛感，總覺得少了些什麼，菜色不錯但不令人驚艷。

　　PETRUS 價位雖高，午餐的前菜＋主餐＋甜點大概在 65 鎊，但絕對讓你十分難忘，而且回味無窮。

圖片來源 http://www.gordonramsay.com

店 | 1 Kinnerton Street，Knightsbridge，
　　London，SW1X 8EA
電 | 020 7592 1609
鐵 | KNIGHTSBRIDGE

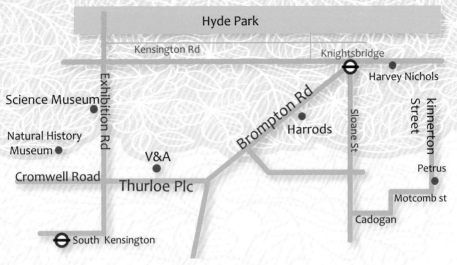

Hyde Park

Kensington Rd

Knightsbridge

Harvey Nichols

Exhibition Rd

Science Museum

Brompton Rd

Natural History Museum

V&A

Harrods

Sloane St

kinnerton Street

Petrus

Cromwell Road

Thurloe Plc

Motcomb st

Cadogan

South Kensington

KNIGHTSBRIDGE
去哪裡逛逛？

　　這裡可是有名的紳士名媛區，整個環境十分的美好，許多有名的設計師跟皇室成員都在此居住。這邊有兩大百貨公司，是觀光客參觀時的朝聖之地，各大名牌精品店，爭相在這裡聚集，所以常能看到名人在此出沒。

139

哈洛德百貨公司
| HARRODS |

店 | 87-135 Brompton Road，Knightsbridge，London ，SW1X 7XL

電 | 020 7730 1234

哈洛德百貨公司（HARRODS）是上流社會購物的去處，裡面的東西包羅萬象，從吃的、用的到所有高級精品。百貨公司裡面的裝潢，呈現埃及金碧輝煌的感覺，客製化的高級服務應有盡有，像是預約式的個人購物協助、服裝訂製、美容、理髮廳、個人蛋糕訂做、個人香水調配……等。

如果哈洛德百貨公司強調的是歷史跟輝煌，在它附近的夏菲尼高百貨公司（HARVEY NICHOLS）走的就是極簡的現代風格，主打不同設計師的服裝。這兩家百貨是死對頭，我以前在品牌設計師公司上班時，一定要把兩家百貨在秀場的位置排開，不但如此，如果你的東西在其中一家賣的話，另一家就不太願意賣，通常雙方都會要求產品獨家販售，讓我們傷透腦筋呢！

夏菲尼高百貨公司
| HARVEY NICHOLS |

店 | 109 - 125 Knightsbridge
London ，SW1X 7RJ
電 | 020 7235 5000

KNIGHTSBRIDGE 這裡離海德公園（HYDE PARK）很近，這個公園算是市區裡的珍寶，它的湖邊風景優美，隨時可以看到天鵝在旁邊遊玩，走在它的林蔭大道上，會讓你完全忘記自己身在市區。裡面可以划船、溜冰甚至騎馬。在這裡騎馬的課程，比平常馬場昂貴許多，但如果當作遊玩經驗，買單堂課程來說是可以接受的，不過這項活動十分熱門，記得要提早預定。

HYDE PARK

店｜Hyde Park，London，W2 2UH

HYDE PARK HORSE RIDE

店｜Hyde Park Stables，63 Bathurst Mews，London，W2 2SB
電｜020 7723 2813
網｜www.hydeparkstables.com

NATURAL HISTORY MUSEUM

店 | Cromwell Road，London，SW7 5BD
電 | 020 7942 5000
網 | www.nhm.ac.uk

　　如果順著 BROMPTON ROAD 往下走，就要進入擁有三個重量級的博物館的地區，其實 SOUTH KENSINGTON 車站比較近，不過走路到這區也不算太遠。

　　第一間是世界最大自然歷史博物之一的－倫敦自然歷史博物館（NATURAL HISTORY MUSEUM）。裡面的標本超過七千萬件，主要是以植物、昆蟲、礦物、古生物以及動物學為主。一進門就可以看到壯觀的恐龍模型，參觀這裡不需要花半毛錢，除非是有特展才需另外買票。這棟建築外觀非常的宏偉壯觀，足以讓人駐足欣賞良久，裡面的展覽更是可看性十足，極具教育性，參觀過後總是令人獲益匪淺。

　　第二間是我們設計師的靈感泉源－倫敦 V&A 博物館（VICTORIA AND ALBERT MUSEUM）。這個博物館是我在倫敦最喜歡的博物館之一，喜歡亮晶晶玩意兒，和精緻古典物件的朋友一定要來。它的收藏跨越了四千年的歷史，涵蓋不同國家的藝術品，從鐵器、瓷器、珠寶、雕塑……等，不同的材質跟工藝，在這裡被完整的保存下來。它定期有不同的特展，像是現代主義的藝術展、設計師服裝展，都十分值得參觀。

VICTORIA AND ALBERT MUSEUM

店 | Cromwell Road，London，SW7 2RL
電 | 020 7942 2000
網 | www.vam.ac.uk

SCIENCE MUSEUM

店 | Exhibition Road，London，SW7 2DD
電 | 019 2546 7446
網 | www.sciencemuseum.org.uk

　　第三間是科技科學迷的天堂－倫敦科學博物館（SCIENCE MUSEUM）。這個科學博物館綜合了自然科學、技術、農業、工業跟醫學，從早期的蒸汽引擎、火箭、車輛……等，都可以看到它們的演進歷史，它還有 IMAX 立體電影院，可以買張票看看立體電影消磨時光。

SNARESBROOK

Snaresbrook Road

● Toby Carvery

Epping Forest

Hollybush Hill

High Street Wanstead

Ⓣ Snaresbrook

1 TOBY CARVERY

這間店是我跟朋友的最愛，每次來都抱著圓滾滾的肚子回家。它賣的就是英國人星期天最愛吃的「SUNDAY ROAST」（傳統英式烤肉）。在這裡你沒有看菜單的煩惱，所有好吃的都在你的面前。烤牛肉（ROAST BEEF）、燻烤鹹豬肉（GAMMON）跟烤火雞肉（TURKEY），可以每樣都選一點作為主菜，配菜的部份則是自助式吃到飽，種類有七、八種，最常見的配菜是約克夏布丁（圓形金黃色麵餅）、烤馬鈴薯、綜合蔬菜、肉汁……等，不同的肉類可以自己搭配醬汁選擇喔！例如豬肉沾蘋果醬（Apple Sauce）。

這間店是我吃過賣 SUNDAY ROAST 最好吃又最划算的一家，而且份量十足。如果不要在周末去的話，白天去一個人 5.75 鎊，簡直就是完美。如果晚上去吃就要 7.95 鎊，周末最貴 9.49 鎊一個人。這家連鎖店通常在倫敦外圍出現，不過這間可以搭地鐵到達。

146

圖片來源 | www.tobycarvery.co.uk

來到英國一定要吃一下 SUNDAY ROAST，雖然其他的 BAR 應該也有提供，但是吃過這家以後，你一定會覺得其他家都在騙你錢⋯⋯哈哈！

店 | 73 Hollybush Hill，London，E11 1PE
電 | 020 8989 7618
鐵 | SNARESBROOK
網 | www.tobycarvery.co.uk

這是一間附近沒有特別景點的地方，但是真的好吃！左圖為廚帥在替客人們切鹹豬肉，你可以單點一種肉，也可以每種都要一點吃吃看。

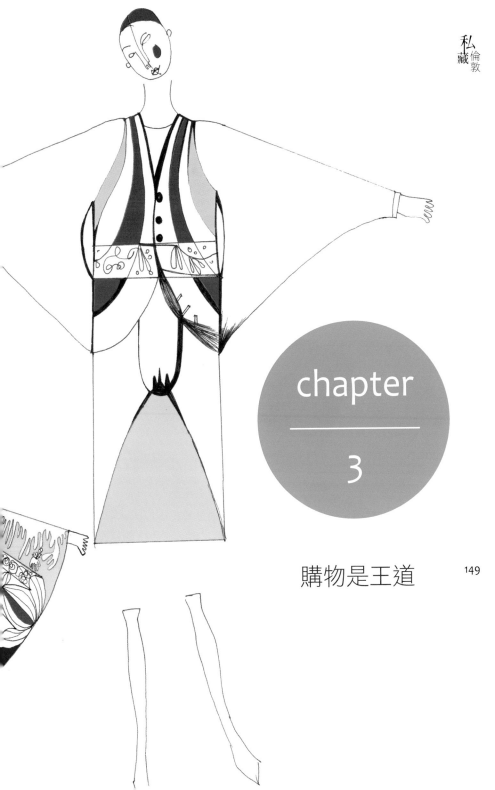

chapter

3

購物是王道

149

SUMMER

英國夏天其實天氣跟台灣三四月差不多，太陽晒到你的時候是有熱度沒錯，但是一到沒太陽的地方還是有點涼意，尤其是傍晚，還是需要薄外套的。英國交通工具內沒有冷氣，所以在地鐵，或是公車裡通常特別的悶，最好是穿短袖帶外套。英國的夏天是個穿襯衫的好季節，熱的時候把袖子捲起來，冷的時候放下。對不太怕冷的人而言，就足夠保暖了。

GIRL

WiNTER

英國冬天外面很冷，但是大部分的室內、公車和地鐵裡都有暖氣，也因如此室內外的溫度相差頗大。

我在英國都穿的像顆大洋蔥，一層包一層。認識我的朋友就知道我常常都住在羽絨衣裡，這樣我裡面才不用穿太多。

男生通常比較不怕冷，所以不一定會用到羽絨衣，但是如果你也是個身體虛的孩子，那在英國你真的會超需要一件。英國的風很大，帽子、圍巾、手套都是必備。不跟你開玩笑，你不想常頭痛的話，一定要戴帽子！

GIRL

153

BOY

SUMMER SALE / CHRISTMAS SALE

英國物價的確不便宜，但是在當地生活久了，會發現有很多小撇步可以節省開支。不管是超市、生活用品還是衣服，在每年的七月左右的 SUMMER SALE，跟聖誕節 CHRISTMAS SALE 都會大打折。聖誕節後的降價促銷，原因是店家通常會準備比平時更多的貨，去滿足買聖誕禮物的人潮，所以聖誕節一過，就會有很多賣不完的存貨要出清。所以為了省點錢，晚幾天再送聖誕節禮物吧！（開玩笑的！）

有學生證 (ISIC) 的同學一定要好好利用它，在英國許多服飾店購物、餐廳消費、搭車，或是住宿都可以有折扣，一定好好問清楚，可以替你省下不少。

　　英國的大減價可真的是物超所值，很多平日買不下手的東西，幾乎都半價，某些很貴的牌子，這時候的價位也終於正常化了。

　　暑假的折扣期，其實是最適合觀光客的，因為 SUMMER SALE 的時間，天氣非常舒適。如果暑期去玩，不但可以避開台灣的炎熱，也可以享受英國一年當中最美好的天氣。在英國這麼久，最棒的一件事就是，英國的太陽幾乎曬不黑，我在英國一直沒有擦防曬的習慣，直到回台灣才發現，不能跟英國一樣享受陽光，因為馬上就會變成小黑人。

　　有人問過我，到英國要不要帶洋傘，我只能說，你如果擁有被當地人當成瘋子的膽量，那你就開傘吧。

155

　　在英國居住多年回台灣後，我發現一件奇怪的事。在台灣中等價位的衣服，品質都不是很好，以一件台幣 2000 多塊的衣服，跟同等英國 40 鎊的衣服來比較，英國的布料或是品質都略勝一籌。英國很多低價位的東西也都有把關，所以品質不會糟得很誇張，事實上這些低價產品也有一定的市場，只是耐用度跟安全度較低。

在台灣我發現有很多樣式好的韓國衣服，但是布料質感粗糙，卻賣的很貴。這讓我覺得除了夜市的便宜衣服外，想要買料子好一點的衣服，就要去找歐美大品牌。甚至很多台灣價位高的品牌，衣服質料也仍是令人搖頭。大概是因為自己學服裝設計這行的，每次在挑衣服的時候都會評估衣服的成本價，才決定要不要出手購買，這讓我變成一個很挑剔的客人。我猜大概所有的服飾店家最不喜歡的客人就是我吧！

　　英國的降價期間，是我最常敗家的時段。台灣人的體型天生比較嬌小，這在英國來說其實是個優勢，因為不管是鞋子或是衣服，常會留下一些沒人穿得下的尺碼，但品質都很不錯。拿鞋子來說好了，英國的6號（等同台灣39號）是最容易被搶光的鞋碼，但是對台灣女生而言卻是超大鞋碼，所以說3-4號的鞋，可以撿到很多樣式好又有打折的鞋。6號以上的鞋也會有很多不同選擇，所以腳比較大的女生也能買的很開心。而我就是那個不幸的6號腳，每次都看著其他鞋碼的款式哀哀叫，眼睜

睜的看著其他台灣朋友買得不亦樂乎⋯⋯。在英國一般女生衣服的尺碼是 10 號，但是台灣人多半穿 6-8 號，所以很多款式都會剩下適合台灣人的尺寸。不過在大減價的時候，大家都很瘋狂的購物，不一定每間分店都有存貨，所以看到目標別猶豫，就大方的買下吧！

　　英國商店最大的好處，就是你只要留著發票，東西如果不想要，或是後來不喜歡了，在期限之內你都可以拿來退換，服務人員從來不會要你解釋任何事。你只要到櫃台說：「I WANT TO REFUND.」他們就會退錢或是換貨給你。不過有些店可能不退現金只能換貨，或是只退這間店的現金禮券，要特別注意一下。不過退禮券的這種店不多，多半是設計師店面才會如此，因為給我禮卷我還真不知道何時才會再來消費。另外，在大減價時，某些下殺極低的打折品是不能退貨的，結帳前請先跟店員確認。

祕密折扣拍賣會

在英國有很多祕密減價拍賣會不定期舉行，不過如果沒特別注意的話，說真的就算是英國人也不一定知道。這些祕密拍賣會的網站。其實都大同小異，只要你留下電子信箱地址，它們都會自動寄送 mail，告知下一個新活動的時間跟地點。

拿 DESIGNER SALE 來說好了，它常有大牌設計師 VIVIENNE WESTWOOD、VERSACE 的減價品出現。這些主辦單位通常會收一筆門票費，從 1 鎊到 6 鎊左右不等，牌子越值錢通常門票就越貴。有時候看到它們預告你喜歡的品牌，還可以出手買 VIP 優先入場票，這樣才不會等到你進場時，好東西都被挑走了。由於這些都是老鳥才會知道的活動，他們下手通常快狠準，所以看到好東西不要猶豫太久。不是我開玩笑，有時候裡面的東西真的很不錯，但是你要會挑才行。有些比較完善的拍賣有分品牌，所以你可以馬上跳到你想要的品牌去掃貨，但是有時候是大雜燴，你會發現 PRADA 這種高級品牌，可能跟一些默默無名的設計師品牌混在一起，這時候你就要眼睛擦亮點，發揮尋寶的精神了。

Secret

① DESIGNER SALES

網 | designersales.co.uk

名牌愛好者喜愛的特價會，品牌繁多，活動
不定期，請填寫它的 mailing list，它會自動
通知活動訊息。

 Designer Sales UK *The best sample sales in the UK*

Home   Blog   Press   Venues   Real People Catwalk   Online Shop   Galleries   Contact Us

DSUK Sample Sale - Chelsea   STOP PRESS! Next Sample Sale   Real People Show At The ICA

DSUK SAMPLE SALE LONDON

FRI 2ND, SAT 3RD, SUN 4TH
MARCH 2012, THE CHELSEA OLD
TOWN HALL, KING'S ROAD,
LONDON, SW3 5EE

ADMISSION £2/£1 Conc

VIP tickets available
Fast track into our sale on
Friday 2nd MARCH
11am-12noon
Venue: The Chelsea Old
Town Hall, King's road,
London, SW3 5EE

Subscribe to our mailing
list below

Designer Sales UK was born at the end of the
eighties, pioneering a new trend in shopping.
the designer sale was born. Starting its life in
Soho London to the lucky few has now grown
into a fashion phenomenon, DSUK is a 21st
Century shopping experience, whatever your
fashion needs, DSUK has the best.

DSUK ViP INVITE

"The debate after DSUK's Real People Catwalk
Show was very very interesting. Such
spiritedness! Feels a lot like this is just the
beginning of the conversation".
Jessica Brinton writer Style magazine at
Sunday Times
Read more...

DWS

THE DESIGNER WAREHOUSE SALES

HOME

WOMENSWEAR

MENSWEAR

WHERE

FACEBOOK

CALENDAR

MAILING LIST

TIPS

LINKS

CONTACT

Named "The Best Designer Discount" outlet in London by the Independent on Sunday, by Time Out as 'one of the Ten Best Reasons for living in London', and by Elle 'a Top Twenty favourite shopping spot', the Designer Warehouse Sales have established themselves as one of the foremost destination venues for fashion lovers.

With more award winning designer labels housed under one roof than at any other outlet in the country - including high style retailers Selfridges and Harvey Nichols - DWS provide fashion lovers with the best of designerwear at the lowest of possible prices.

Held over three packed days, twelvetimes a year, these Sales offer customers catwalk one-offs, showroom samples and cancelled orders from the pick of the current seasons collections. Expect reductions of 60% or more on the rails of clothes packed into spacious studios in London, outside the Congestion Zone.

一年舉辦 12 次，每次三天，名牌跟設計師品牌有超過 50% 折扣。請填寫它的 mailing list，它會自動通知活動訊息。

DESIGNER WAREHOUSE SALES

②

網 | designerwarehousesales.com

③ SECRETSALES

網 | secretsales.com

這間祕密拍賣會的主辦人，也是不定期挑選設計師品牌或是常見大牌做折扣，它不只單就衣服打折，連香水，蠟燭，珠寶也會有促銷活動。不過得先加入會員，才能知道訊息。

④ THE SECRET SAMPLE SALE

網 | www.secretsamplesale.co.uk

這也是一間常主辦祕密拍賣會的網站。請填寫它的 mailing list，它會自動通知活動訊息。

⑤ MUSIC ROOM

店 | www.themusicroom.co.uk

這個場地常舉辦不同品牌的打折活動，像是 CHLOE、VALENTINO、DUNHILL、D&G 這類的牌子都可以在這兒找到。時間不定時，新的活動都會在網頁上刊登，可以常去逛逛，看有沒有喜歡的牌子出現。

⑥ FROCK ME

網 | www.frockmevintagefashion.com

這個場地比較好玩，賣的東西多是復古物件或是古董衣（VINTAGE CLOTHING）是個挖寶的好地方。時間不定時，新的活動都會在網頁上刊登，去之前要先查清楚。

BURBERRY OUTLET

1

店 | 29-53 Chatham Place，
London，E9 6LP
電 | 020 8985 3344
時 | Mon-Sat 10:00-18:00，
Sun 11:00-17:00
鐵 | 搭到 STRATFORD 地鐵站
轉火車到 HACKNEY CENTRAL 下車。
走大概 10-15 分鐘。

　　這個位於倫敦的打折店其實已經開了很久，以前是工廠倉庫的樣子，東西真的很便宜。現在大概是因為遊客太多，已經重新裝修成店面樣貌，價錢也不像以前可以只花 20 鎊，買到一件經典格紋裙子或是小錢包。現在雖仍有打折，但是少了點從前挖寶的感覺。當然，喜歡這個牌子的人還是可以去逛，因為還是比一般店面便宜不少。

2

TK MAXX

店 | 120 Charing Cross Road，WC2H 0JR
電 | 0207 240 2042
鐵 | Charing Cross
網 | www.tkmaxx.com

3 BISCESTER VILLAGE OUTLET

店 | Bicester Village 50 Pingle Drive，
　　Bicester，Oxfordshire，OX26 6WD
電 | 018 6936 6266
鐵 | Charing Cross
網 | bicestervillage.com
OXFORD TUBE|
www.oxfordtube.com

　　雖然我主要談的是倫敦，但順帶一提這個在牛津地區的大型OUTLET，可以當做一日或兩日遊的行程，比較不會浪費車錢。建議你從倫敦 MARBLE ARCH 地鐵站旁搭長途公車（COACH）過去，公車的名字叫做 OXFORD TUBE，來回票是 16 鎊，今天去隔天晚上 12 點以前搭車回來都可以。這樣比火車便宜，而且只需 1 個小時多就到牛津了。去的當天可以先在牛津遊玩，在市區逛景點，隔天一早搭市中心的直達公車過去，大概 20 分鐘，十分方便。

　　這裡不但有許多名牌以五折出售，也有一些中價位的品牌。如果你趕上暑假跟聖誕節折價期間，就更便宜了（我曾經在這買過 Ralph Lauren 襯衫，只花了 11 鎊），所以這裡一直是許多遊客的必玩景點。有些旅館會有 VIP 券可以在這裡使用，詢問一下你所住宿的旅館，也許可以省更多喔！

　　説到這種品牌折價店，絕對不要漏掉這家。這間店專門收購大品牌過季服裝，裡面可以挑到的名牌可非常多，CALVIN KLEIN、ALEXANDER MCQUEEN、 JIL SANDER、DIESEL、MOSCHINO……等都有。基本上是所有品牌的大雜燴，幾乎都有 50% 的折扣，尤其是鞋子跟毛衣類很值得購買，回台灣後我其實很想念這間店。不過這裡的衣服尺寸都偏大，男女都是，尺寸小的朋友選擇性可能比較少。

　　這裡除了衣服、鞋子之外，很多名牌出的香皂、皮包、配件，也都近乎半價，可以買來送禮自用兩相宜。另外，告訴你們一個小心得，離市區越遠的分店，好東西越多喔，分店就請自己上網看吧！

HIGH STREET 購物街

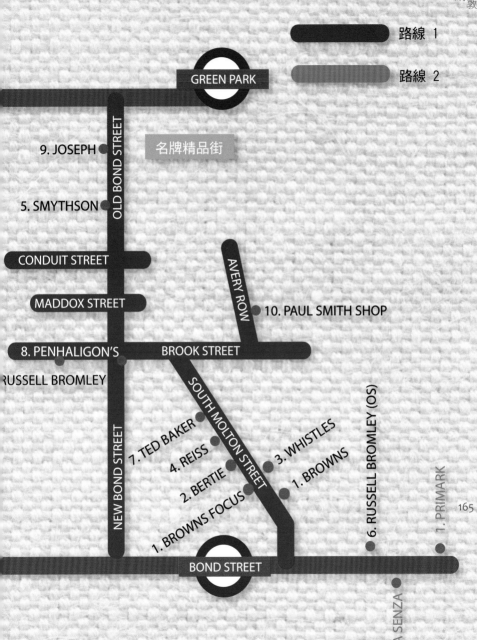

私藏倫敦

路線 1
路線 2

GREEN PARK

名牌精品街

9. JOSEPH

5. SMYTHSON

OLD BOND STREET

CONDUIT STREET

AVERY ROW

MADDOX STREET

10. PAUL SMITH SHOP

8. PENHALIGON'S

BROOK STREET

RUSSELL BROMLEY

SOUTH MOLTON STREET

NEW BOND STREET

7. TED BAKER

4. REISS

3. WHISTLES

6. RUSSELL BROMLEY (OS)

1. PRIMARK

2. BERTIE

1. BROWNS

165

1. BROWNS FOCUS

BOND STREET

2. LA SENZA

MARBLE ARCH

chapter 3.2
購物狂必逛
精品店家

熱門
10間店
推薦

　　喜歡精品的先生小姐，這條路線一定要走一回，因為這裡是世界級名牌精品店的聚集地。你所知道的品牌不論 BURBERRY、CHANEL、LOUIS VUITTON、DKNY、PRADA、HERMES、CARTIER、MIU MIU 整條街都是，價位當然也很高級，所以不要忘了帶你的黑卡。（開玩笑的！）

　　我會介紹這條路線上，大家比較不熟的熱門英國店家，國際知名的超級大牌，應該不需要我在這班門弄斧了。

1 BROWNS

昂貴
價位

在倫敦，Browns 的精品店，是時尚圈名牌設計師的孕育地，也是一間非常有影響力的高級時裝精品店。這裡是很多時尚達人必定朝聖之地。創始人 Joan Burstein 與丈夫 Sidney Burstein 有一種發現時尚設計師的天賦。她在很早就發掘 John Galliano、Alexander McQueen、Hussein Chalayan 和 Comme des Garcons 這些人的畢業作，而且進行合作，讓這些設計師們大放異彩。店裡有他們從各大品牌精心篩選過的衣服，從 FENDI 到 STELLA McCARTNEY 應有盡有。

這間店最特別的點在於，「只購買自己喜歡的設計師品牌」為準則去選新產品。它們現在的版圖越來越大，不但持續開設女裝、男裝門市、精品婚紗、鞋類專賣店，還建立了自家品牌 Browns Focus 就在本店對面。

這間店的東西每件都很正點，但是每件都像天價一樣，口袋夠深的人，才能在這裡大肆撒野！

店 | 24-27 South Molton Sreet，London，W1K 5RD
電 | 020 7514 0016
時 | Mon-Sat: 10.00-18.30
　　Thu: 10.00-19.00，Sun: Closed
鐵 | BOND STREET
網 | www.brownsfashion.com/home/

店 | 45 South Molton Street,
London,W1K 5RU
電 | 0207 499 9753
時 | Mon-Wed 10:00-19:00,Thu-Fri 10:00-20:00,
Sat 10:00-19:00,Sun 12:00-18:00
鐵 | BOND STREET
網 | www.bertieshoes.com

2 BERTIE 中高價位

168

　　這個品牌的鞋子,有一種酷酷的個人風格,非常有潮流感,它們一直不斷尋找,新興的街頭時尚文化作為靈感。我覺得它的鞋子品質用料還蠻好的。它在聖誕節降價時段最划算,很多款式都會到半價以下。像我就曾以 40 幾鎊買到原價 100 多鎊的鞋,所以可以在降價期來撿便宜。

3 WHISTLES

中高價位

　　這個品牌的衣服，有點法國風的時尚感，東西簡單大方，混有一點波希米亞情調，跟一些古董衣的款式。它的品質很不錯，有許多商品適合上班族及休閒用途。現在持續擴大產品範圍（例如珠寶），價位雖然偏高，但是質量不錯是可以考慮的品牌。網站上有打折的部份，可以在它的 OUTLET 區，看看有沒有適合自己的物件。

店 | 22 South Molton Street，Mayfair，
　　London，W1K 5RB
電 | 020 7491 0597
時 | Mon-Tue 10:00-19:00，Thu 10:00-20:00，
　　Fri-Sat 10:00-19:00，Sun 12:00-18:00
鐵 | BOND STREET
網 | www.whistles.co.uk

高價位

4 REISS

店 | 51 South Molton Street，Mayfair，
London，W1K 5SD
電 | 020 7491 2208
時 | Mon to Wed，Fri & Sat 10:00 - 19:00，
Thu 10:00 - 20:00，Sun 12:00 - 18:00
鐵 | BOND STREET
網 | www.reissonline.com

　　我是這個品牌多年來的信徒跟最佳顧客，這個英國品牌是於 1971 年由設計師 David Reiss 在倫敦創立，碰巧的是我高中學妹的老爸。一開始以歐洲訂製款的男裝銷售為主，在 2000 年第一家 Reiss 概念店開幕後，開始擴展至女裝及配件商品。

　　一直以來，它都是以質感來襯托品牌的優雅，跟很多品牌背道而行，這是我最喜歡它的地方。舉例來說，一塊上好的絲質布料，就不用太繁複的設計去襯托它的光芒，相反的一塊爛布料，就需要比較花俏的設計去提高它的價值。

　　REISS 的東西十分耐穿，絕非華而不實，剪裁上也大方耐看，價位雖屬中高，但是我覺得它的確有其價值。能在我這個挑剔鬼的衣櫃中，大大的佔有一席之地，確實是件不容易的事。男裝其實也非常優秀，所以大大推薦給男性朋友，低調而且有品味。

　　想買它們家品牌最好的時機，不外乎是聖誕節過後跟暑假，因為幾乎都會有到 30% 到 50% 折扣，這時候真的可以大手筆的置裝。如果不相信我的品味，總可以相信英國王妃吧，這可是英國王妃鍾愛的品牌，連在公開訂婚儀式中，都穿這個品牌的套裝喔！

高級文具跟皮件品牌，我只能説文具做到這個境界，足以稱之為藝術品。它是世界上獲得三項皇室御用供應商封號的公司之一。各國的王妃跟外交使節都是它們最大的忠實客群。它們沈穩內斂的氣質令人愛不釋手，但是價錢卻讓人恨得牙癢癢的。

最紅的產品，是以小羊皮或牛皮做的筆記本、文件夾類的文具。不要以為這樣就沒了，這品牌的女生包包，常讓人驚艷，優雅不做作，如果你買膩了其他滿街都是的名牌，可以試試這個品牌，個人覺得十分值得收藏。

5 SMYTHSON 昂貴價位

店 | 40 New Bond Street，London，W1S 2DE
電 | 020 7629 8558
時 | Mon to Wed & Fri 9:30 - 18:00；
　　Thu 10:00 - 19:00；Sat 10:00 - 18:00
鐵 | BOND STREET
網 | www.smythson.com/

RUSSELL & BROMLEY

高價位

這個英國鞋子牌創於 1873，是個很棒的鞋子品牌。它的鞋子做工精細又耐穿，款式經典而高貴。不是我在説，義大利製的產品，手工就是不一樣，品質好又歷久不衰，我到現在還有幾雙，它多年前所出的鞋款，穿到現在都還沒變形呢！雖然價位高但是在打折的時候，可以去看看有沒合適的。凱特王妃跟英國首相的夫人也是其忠實擁護者呢！

店 | 24-25 New Bond Street，London，W1S 2PS
電 | 020 7629 6903
時 | Mon-Sat 10:00-19:00 (Thu open till 10:30)，
　　 Sun 11:30-18:00
鐵 | BOND STREET

店 | 54 South Molton Street，London，W1K 5SG
電 | 020 7491 8832
鐵 | BOND STREET
網 | www.tedbaker.com

TED BAKER

　　這間牌子我也很喜歡，它是以重視小細節和幽默感聞名。我自己並不是特別喜愛一線大牌的人，總覺得穿著 LV、GUCCI 上街，對我這樣一個平民百姓來說太過張揚，我喜歡越低調越好。我覺得二線品牌像是 TED BAKER 就是很好的選擇，設計好、做工精細、低調，價格也比較正常平易近人，男裝女裝我都很推薦。從一家小店面開始，它們堅持不打廣告，只做口碑的行銷策略，而現在全世界已有幾百家的分店。怎麼會賣得這麼好？聰明的消費者你應該可以猜到了吧。品質才是一個品牌的根本起源。

店 | 23A Brook Street，Mayfair，London，W1K 5DE
電 | 020 7493 0002
時 | Mon-Sat 10:00-18:30
鐵 | BOND STREET
網 | www.penhaligons.com

中高
價位 **8**

PENHALIGONS

　　在英國大家對香水有一種說不出來的依賴，無論大人小孩在我印象中最少都會有一瓶香水。我記得高中的時候，就有一大堆同學隨身在書包裡放一罐。不知道英國人是不是覺得這是一種禮儀，使用香水的習慣根深蒂固，我跟朋友常開玩笑說，英國人都用香水來洗澡。

　　這個來自英國的百年香水品牌 Penhaligon's 在 1870 創立，有著皇室貴族的典雅氣息。在當時男人也愛美的年代，還發表了全世界第一套，專為男士設計的梳洗配件，使得英國首相邱吉爾、大文豪王爾德，一天都不能少了它。這個品牌深受皇室貴族喜愛，也令它獲得許多皇室御用狀。它在世界各地蒐尋珍貴的香水原料跟精油，製成的香水價值也是普通香水的兩倍。這個品牌獻給不喜歡跟人撞 "香" 的男孩女孩。

高
價位 **9**

JOSEPH

　　這個品牌設計非常低調中性。它的褲裝在 90 年代十分流行，針對不同體型研發了許多不同的款式。我個人會注意到這個品牌，是因為它的織品，曾得過英國年度最佳針

店 | 23 Old Bond Street，Mayfair，London，W1S 4PZ
電 | 020 7629 3713
鐵 | BOND STREET
網 | www.joseph.co.uk

織設計的獎項。它的針織品很有質感且設計簡單大方，適用於不同場合。顏色較以黑灰白米為主，偶爾會有幾個鮮艷的顏色作為陪襯，不過仍是走低調大方的路線。

10
PAUL SMITH SALE SHOP

Paul Smith 對大家應該不是太陌生。這間店是英國名牌設計師的折價店,店面雖然不大,但是有很多值得一看的產品。這間店基本上是男裝的折價店,一樓大多是 T-shirt、鞋子、包包。二樓是襯衫、領帶、皮帶和很多小東西,像是一些漂亮的袖扣,打完折後才 30 鎊左右,以這個牌子而言算是十分便宜,男生們應該要來此逛逛!

店 | 23 Avery Row,London,W1K 4AX
電 | 020 7493 1287
時 | Mon-Fri 10:30-18:30
　　Thu 10:30-19:00,Sun 13:00-17:50
鐵 | BOND STREET
網 | www.paulsmith.co.uk

小分享
×
PAUL SMITH

女裝的 outlet 在 Bank Station 附近的 Royal Exchange 購物中心,但是那邊沒有很多其它好逛的地方,所以除非妳很愛這個牌子再特地過去吧。
網 | www.theroyalexchange.com/

　　由這三個地鐵站連成的 L 型大街，路上的品牌眾多，而且路很長，所以請大家準備好你的體力，跟著我的腳步衝吧，逛完以後鐵腿我不負責喔！這可是我跟我朋友減肥的祕方，現在分享給你們，包你們第二天就瘦啦！

　　牛津街上的兩旁，是比較偏向平民化的選擇，不用家財萬貫，就可以享受到消費的樂趣。我會介紹一些常見的英國本土品牌，也就是我們說的 HIGH STREET BRANDS。這些品牌們的價位不一，有些衣服真的超便宜（3 鎊起跳），但是大部份的衣服，都還是有一定的價位，大約 15 鎊左右。聰明的你要會在平價店選基本款，然後在價位比較高的店，找有設計的款式買囉！

　　現在世界全球化，許多品牌也已經進駐台灣，像是 UNIQLO、ZARA、FRENCH CONNECTION、MANGO……等，我就不多做介紹了，大家在路上應該都會逛到。這些品牌在英國跟台灣不同的地方，就是款式較多元化，畢竟台灣市場較小，代理商為了降低風險，進口的樣式較少，在英國則會有更多款式讓你挑選。

店 | 499-517 Oxford Street,
London，W1C 2QQ
電 | 020 7495 0420
時 | Mon-Fri 8:30-22:00，
Sat 8:30-21:00，Sun 12:00-18:00
鐵 | BOND STREET
網 | www.primark.co.uk

低價位

1 PRIMARK

　　當你走進這間店，你會有一種買東西不用錢的錯覺，因為大家每個人都拖著一個滿到爆的籃子。在結帳處，還可看到很多人自己帶行李箱來裝，每個人手上都拿了幾十樣東西，恐怖吧！這就是便宜的魔力啊！

　　這間店的策略就是大量進貨壓低成本，在短短幾年之內迅速竄紅。夏天的 T-SHIRT 一件約 3 鎊多，小洋裝大概在 12-15 鎊，外套 18-25 鎊就可以有一件。我覺得以它的價位來說，款式算是不錯，還有睡衣、毛巾、寢具，也都可以看看，女生還有許多配件、皮包可以選擇。

　　不過它的鞋子我覺得材質偏差，不建議購買，別奢望買來的鞋可以跟你長相廝守，沒幾個月就會跟你說掰掰。男生的衣服，也有許多基本款可以選擇，上班褲、運動褲這類的也很多。如果妳帶著男朋友，可以請他先去幫妳排隊，因為每次付帳的隊伍都長到讓人想放棄。男朋友們，辛苦囉！

177

　　其他還有幾個跟 PRIMARK 走向相近的牌子，像是 NEW LOOK，衣服料子跟款式差不多，但價位卻高一些並不划算，我就不推薦了。

2 LA SENZA

　　便宜好看又好穿的性感內衣店。設計精美的成套內衣、睡衣、比基尼在這裡為女性朋友服務。打折的時候原本 25 鎊的內衣，都會下殺到 10 鎊左右。它也有許多純棉（COTTON）或是絲（SILK）的產品，也有聚酯纖維（POLYESTER），建議還是要多注意標示，才會知道哪些材質比較好，到底是貼身衣物，建議挑選好一點的自然材質比較安心。

店｜162 Oxford Street，
　　London，W1D 1NG
電｜020 7636 8173
時｜Mon-Sat 9:30-21:00，
　　Sun 11:00-18:00
鐵｜BOND STREET
網｜www.lasenza.co.uk

3 NEXT

店 | 327-329 Oxford Street，
London，W1C 2HX
電 | 0844 8445217
時 | Mon 06:00-19:00，Tue 8:30-21:00，
Wed-Fri 9:00-22:00，Sat 8:00-15:00
鐵 | BOND STREET
網 | www.next.co.uk

　　這個品牌提供適合各個場合的實用
服裝，不管是居家休閒，還是晚宴小洋
裝都可以在這裡找到。款式中庸不會過
分誇張，也不會俗氣，簡簡單單的設計，
不管男裝、女裝都有它的實穿價值。因
為簡單好搭，我許多的外國友人都喜歡在
這購買上班衣物。男生系列，有賣西裝、襯衫、領帶、鞋子甚至手錶。
它的衣服尺碼比較廣，不像普通品牌到 16-18 號就沒了，所以它在英國
中年人的客群也十分廣大。另外，它也有提供童裝、配件、內衣……等，
在它的購物網站，甚至連傢具都有賣，真的是什麼都有、什麼都賣、什
麼都不奇怪。

　　這個品牌打折的時候，像是一件 60 多鎊的西裝外套，可能會降到
30 多鎊左右。越接近折扣期結束前，出清價會更低。

RIVER ISLAND

店 | 301-308 Oxford Street，
United Kingdom，W1C 2DN
電 | 0844 395 1011
時 | N/A CALL SHOP
鐵 | BOND STREET
網 | www.riverisland.com

4

RIVER ISLAND

　　這家店走的是性感狂野路線。它常常會加入一些搖滾金屬的叛逆感在裡面。牛仔褲的款式很不錯，尤其是它的水洗跟特殊剪裁，在業界常有人拿它們的牛仔褲當樣品去模仿。其他的配件品項也都很有流行感，品質也都還不錯，喜歡流行的朋友不要錯過！

/ 點心休息時間 /

BEN'S
COOKIES

Ben's
Cookies

店 | 139 Oxford Street，
London，W1D 2JA
電 | 0203 206 2008
時 | Mon-Sat 9:00-21:00，
Sun 10:30-19:00
鐵 | BOND STREET
網 | www.benscookies.com

　　走累了嗎？吃塊餅乾補充體力吧！這家餅乾超級超級好吃的。它的手工的餅乾外酥內軟、口感濃郁，有幾十種口味。它以黑白巧克力為主要材料，所用的無鹽奶油跟雞蛋都特別經過挑選，由英國鄉村的生產者直接提供。每片都相當新鮮，我特別推薦它的白巧克力跟檸檬！之前常買給同事當大家的下午茶點，每次都被一掃而空喔！

5
TOPSHOP

這間屬於 ARCADIA 集團的服裝品牌，在 OXFORD STREET 上的分店十分龐大，跟百貨商店沒多大差別，除了自己的品牌外，還讓許多其他品牌進駐。品牌的風格，也是屬於流行前端的潮流品牌。

第一層是配件區，讓你眼花撩亂的皮包、皮帶、眼鏡、耳環、戒指、褲襪、圍巾⋯⋯等，塞滿了整個一樓。另外還設有一些彩妝部門，甚至還有一個小糖果攤。地下一樓是自有品牌的男裝跟女裝，它們有為比較嬌小女生（PETITE）或較高大女孩（TALL）所設計的系列款式，算是蠻貼心的。地下二樓則是許多其他潮牌，或是設計師品牌的聚集地，其中一半被鞋子的品牌佔據。這層還有一間小咖啡輕食店跟廁所，想必是希望大家把這裡當家吧！（待得越久花得越多啊）它原本的價位算中等，但我覺得有偷偷往上跑的跡象！

店 | 216 Oxford Street，
　　Marylebone London，W1D 1LA
電 | 0844 8487 487
時 | Mon-Wed 9:00-21:00，Thu-Fri 9:00-22:00
　　Sat 9:00-21:00，Sun 11:30-18:00
鐵 | OXFORD STREET
網 | www.topshop.com

中價位

店 | 388 Oxford Street，London，W1C 1JT
電 | 020 7629 0530
時 | Mon-Fri 10:00-21:00，Sat 9:30-21:00
　　Sun 10:00-19:00
鐵 | BOND STREET
網 | www.janenorman.co.uk

中
價位

6 JANE NORMAN

　　這是一個給年輕女孩的時尚品牌，光是英國就有 200 多家店，價位平易近人。其實它們的衣服，有一群特定的英國女孩在穿，尤其是高中到剛上大學，喜歡穿著性感，有自信的個性女生。穿它們家服裝的女孩，多半前凸後翹、身材姣好。

　　我之前跟他們合作設計過一些牛仔褲，發現它們的牛仔褲布料多半以彈性布料為主，所以舒適度跟包覆度夠。雖然多半是貼身展現曲線，但因為特殊的設計剪裁，會讓屁股看起來小很多，特別適合臀圍較寬的女孩。因為彈性布料的關係，穿它的牛仔褲都可以穿小一個到兩個尺碼，偶爾自欺欺人一下，也是挺愉快的！

店 | 175 Regent Street，Mayfair London，W1B 4JJ
電 | 020 7494 9416
時 | Mon-Wed 9:30-19:30，Thu 9:30-20:00
　　 Fri-Sat 9:30-19:30，Sun 12:00-18:00
鐵 | OXFORD CIRCUS
網 | www.tmlewin.co.uk

7

TM LEWIN

183

　　這間店是在 1898 年成立，老闆對品質的講究，在產品上表現的很明顯。這間以男生襯衫為主的老店，光是襯衫的剪裁就非常多樣化，花色跟布料的選擇也很多，台灣男生的話，我會推薦它的 LUXURY SEMI- FITTED，穿起比較能修飾身材。

　　偷偷告訴你們一個買襯衫的祕密，記得要挑在領子後方有「LUXURY LABEL」字樣的襯衫，此款的布料最好，幾乎都是百分百純棉，而且布料織法比較厚實，最重要的是價錢沒有不同。基本上它的車工好，質優耐穿，價位中等合理。

店 | 229-247 Regent Street，London，W1B 2EG
電 | 020 7287 6158
時 | Mon-Wed 10:00-20:00，Thu 10:00-20:30
　　Fri 10:00-20:00，Sat 10:00-19:30，Sun 11:00-18:00
鐵 | OXFORD CIRCUS
網 | www.karenmillen.com

KAREN MILLEN

　　這個設計師品牌只有女裝，它的形象一直是性感又專業，所以很受英國 OL 喜愛。幾年前被併購後，我覺得它的品牌開始蛻變，不論是白天穿的小洋裝，還是晚上穿的小禮服，款式變得更為豐富，而剪裁也更上一層樓。

　　其實有許多台灣朋友，都十分喜愛這個品牌，它的版形比較適合東方人的身材，不會像有些穿在外國人身上好看的衣服，換成東方人就好像套了個布袋一樣。價位上比平常 OL 的品牌再高一點，但算是相當實穿。

MOLTON BROWN

中
價位

ALL SAINTS

店 | 240 Regent Street，London， W1B 3BR
電 | 020 7292 2547
時 | Mon-Sat 10:00-21:00，Sun 11:30-18:000
鐵 | OXFORD CIRCUS
網 | www.allsaints.com

　　對於喜歡街頭風的客群而言，這間絕對是必敗之店。它雖然一開始只有男裝，但現在女裝也很棒。我喜歡它的中性女裝，衣服顏色都以灰、黑、米、土黃、白為主，非常符合我的穿衣風格。

　　其實街頭風要做的有質感並不容易，但是這間牌子卻做到了。版形大小十分合適東方人，剪裁上常用到不對稱設計，很有設計感。以中等的價位，能買到某些有前衛設計感的商品，算是很值得。我想特別推薦一下鞋子，皮質仿舊感，手工極佳，款式又極具個性感，最重要的是超級耐穿！

　　這個品牌在 1973 年成立，以造型沙龍起家，後來開始生產身體保養的產品，雖然不太打廣告，但仍是受到許多人的喜愛。

　　我第一次接觸它的產品是在健身房，它的沐浴乳香氣，會讓你在洗澡時有種幸福感，後來才發現，它原來是許多五星飯店與頂級旅館所使用的品牌，我當時真是低估它了。

　　它的產品都是從植物跟海洋原料中萃取，以自然為導向，讓人覺得十分舒服。它有一組不同味道的迷你沐浴乳（10 罐裝），可以當作入門產品試試。

185

11 KURT GEIGER

店 | 198 Regent Street，London，W1B 5TP
電 | 020 3238 0044
時 | Mon-Fri 10:00-20:00，Sat 10:00-19:00，
　　Sun 12:00-18:00
鐵 | OXFORD CIRCUS
網 | www.kurtgeiger.com

中高
價位

　　這間鞋店不但是一個很不錯的鞋子品牌，也同時賣許多設計師品牌的鞋子。如果你是時尚女王，櫃子裡永遠會少一雙這家的鞋。喜歡高跟鞋的女孩也一定要來逛逛，它的鞋跟常有一些華麗又有設計感的變化。

12 HAMLEYS

中
價位

店 | 188-196 Regent Street，
　　London，W1B 5BT
電 | 0871 704 1977
時 | Mon-Wed，Sat 10:00-20:00，
　　Thu-Fri 10:00-21:00，Sun 12:00-18:00
鐵 | OXFORD CIRCUS
網 | www.hamleys.com/

　　這是世界上最大的玩具城之一，是個讓大人小孩都不想回家的好地方。它有著兩百多年的歷史，整座百貨有七層，裡面的玩具包羅萬象，有絨毛玩具、娃娃、模型、拼圖、魔術道具、樂高……等，多到數不清的商品。被吸引進去的不只小孩，還有很多大人，我就是那個每次被拐進去的大人之一。

　　其實這也算是倫敦的景點之一，常有許多觀光客在這裡流連拍照，走進來看看逛逛，重溫一下小時候的美好時光吧！

店 | 19 Fouberts Place，
　　London，W1F 7QE
電 | 020 7287 2060
時 | Mon-Wed，Fri-Sat: 10.30-19:00，
　　Thu: 10.30-20:00，Sun: 12:00-18:00
鐵 | OXFORD CIRCUS
網 | www.lazyoaf.co.uk/

中
價位

13

LAZY OAF

這是一個以插畫 T-Shirt 起家的牌子，東西可愛又有創意，產品很有童趣，常令人會心一笑。我記得我朋友有買過一款帽 T，肚子上有個口袋，口袋內裡是腸胃的手繪插圖。你還可以把腸胃翻出來，真的很另類爆笑。它的東西基本上都很有笑點，適合喜歡與眾不同的年輕人。

14

中高
價位

BEN SHERMAN

這個品牌我要特別介紹一下，它算是英國 60 年代摩登風格（MOD，modern）的代表，影響了很多英國後來的品牌設計。剛開始的時候，它以手工襯衫起家，縫紉深受義大利風格的影響。當時這個品牌的襯衫是年輕 MOD 族的必需品，年輕人開始為自己說話，穿衣大膽，女生則喜歡穿著迷你小洋裝，梳著俏麗的短髮，刷超級濃厚睫毛膏。在那個時期，連披頭四（BEATLES）都是它的忠實客戶，現在這個品牌仍是許多英國樂團的首選。

187

至今這個牌子仍保留一些傳統風格，但也進階成了一種雅痞的新英國風，剪裁也很適合東方人的體型。

店 | 49 Long Acre，Covent Garden，
　　London，WC2E 9LN
電 | 020 7836 6196
時 | Mon-Sat 10:00-20:00，
　　Thu 10:00-21:00，Sun 12:00-18:00
鐵 | OXFORD CIRCUS
網 | www.bensherman.com

店 | 24-36 Regent Street，
London，SW1Y 4QF
電 | 0844 3325602
時 | Mon 9:00-22:00，Tues-Fri 9:30-22:00
Sat 9:00-19:00，Sun 12:00-18:00
鐵 | PICCADILLY CIRCUS
網 | www.lillywhites.com

中
價位

15 LILLYWHITES

在英國怎麼可以不帶件球衣回家呢？這是一間運
動用品百貨，這裡最吸引人的是它的足球球衣，價錢
也比別家便宜。當然不只英國隊，還有很多國家隊的
球衣可以選擇。這間店常在打折，有時候可以買到超
級划算的球衣。

188

SHOREDITCH HIGH STREET

HACKNEY ROAD

COLUMBIA ROAD

COLUMBIA
FLOWER
MARKET

SHOREDITCH
HIGH STREET

1 哥倫比亞花市
COLUMBIA ROAD FLOWER MARKET

01 花市入口

店 | Columbia Road，London，E2 7RG
時 | SUN 8:00-15:00
鐵 | SHOREDITCH HIGH STREET

01

這裡的花時常以拍賣方式販售，一盒 9 盆花才以 5 磅而已，不過很多人會搶著要，老闆大喊一盒 5 磅時，要趕快說你要！不然就會被搶走！

02 路邊兩旁店家 03 小狗頭做為維把柄，是不是超級可愛的呢？這裡有很多純手工製品都很特別！04 街頭藝人

　　英國園藝盛行，而且大家都喜歡種花種草。哥倫比亞花市是倫敦人的祕密，因為地點比較隱密，在這裡不會看到太多東方臉孔。

　　這個只有在星期天早上才開的花市，一直是我星期天的頭號行程。我總是喜歡把陽台塞滿花草，因為這會讓我有一種幸福的感覺。花市的花種品質優良，而且價錢跟市區相比便宜許多。但是如果你以為這裡只有花花草草，可就大錯特錯了，這邊兩旁的小店琳琅滿目，包準讓你逛的盡興愉快。

　　這裡的小店絕不是外面的連鎖店，所有東西都十分有特色。身為藝術人的我，非常喜愛這裡多元風格的店家。天氣好的時候，會有街頭藝人在街上隨性表演，而大家也會自在的席地而坐欣賞音樂。在這裡，你會覺得時光好像倒退 20 年，身處在一個非常歐洲的電影場景裡，身邊的大人小孩、年輕情侶，各個臉上都洋溢著歡樂的表情，耳邊伴隨著花販有趣又有活力的吆喝聲，你可以完全體驗到英式的週末生活氣氛，準備將自己淹沒在繽紛的花海中吧！

191

05 在這間復古小店裡，由穿著可愛制服的美容師為你打扮，化妝，做頭髮一定很好玩 06 貝果三明治店
07 訂做私人衣服 08 花俏的首飾店 09 街頭藝人 10 街上賣的花 11 市集街景

11

193

花園內的擺設，小天使，埃及女神，
佈置你的花園

花的種子，不管你想種點什麼，
這裡都可以找到

自然香皂，每塊都好香喔！
我最愛水蜜桃口味！

194

www.openhouseretail.co.uk

COLUMBIA ROAD E2

COLUMBIA ROAD E2

COLUMBIA RD E2

COLUMBIA RD

COFFEE

COFFEE

THE WAITING
WASHES OVER ME
LIKE W AVES.
-ET

花的種子

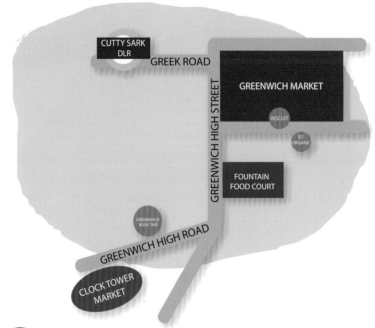

2 格林威治市集
GREENWICH MARKET

格林威治是個環境優美悠閒的地方，不只到處是樹木花草，這裡的建築大部份是獨棟維多利亞式的房子，很有英國鄉村的味道。

格林威治大學校區在往市集的路上，裡面風景宜人，在這裡上課的學生應該非常幸福。想想看，夏天的時候，若能躺在它們學校的絨毯般的綠草地上，做夢都會笑吧！有名的換日線，在格林威治公園的頂方，夏天的時候，我常跟同學來這裡野餐，曬太陽享受慵懶的午後時光。

店 | Greenwich Market，London，SE10 9HZ，
　　United Kingdom
時 | 建議星期六，日 10:00-17:30
　　（三，四，五也有人擺攤但是很少很空虛，不太建議）
鐵 | CUTTY SARK DLR
網 | shopgreenwich.co.uk

MR.HUMBUG
| 格林威治市集內 |

這間復古糖果店,是喜歡甜食小孩的天堂。英國人小時候雜貨店的古早口味都在這裡可以找到。我英國朋友説他它們小時候最喜歡吃草莓口味的 BON BONS,我也有問過店家,聽説至今還是銷售第一喔。

198

PAPER MOO
| 格林威治市集內 |

中國人的紙雕藝術在英國被發揚光大,裡面有漂亮的紙雕,手工精細繁複,想必作者想必家花了很久的時間才刻出來。

GREENLANDS
| 格林威治市集內 |

這間健康食品店雖然小小的，但我每次在外面找不到的有機產品，都可以在這個小店找到。像是生的可可粉，亞麻仁油，蔬果提鍊的鐵錠，各式有機花草茶，甚至有些有機保養品像是玫瑰果油這類的。如果你是有機愛好者，這裡你絕不可以錯過。

可愛手工擋門公雞，別小看這隻色彩繽紛的小東西，它可是很重的擋門玩具。

其實這裡有兩個市集，一個是主要的 GREENWICH MARKET，較為大眾所知，是一出地鐵就可見到的室內市集。但是另外一個露天的 CLOCKTOWER 小市集，也是挖寶的好地方，兩個市集距離才五分鐘，不過似乎只有住在附近的居民才知道。

GREENWICH MARKET 裡面像是一個創意小市集，也就是英國人口中的手工藝（ARTS AND CRAFTS），有許許多多的設計師來這裡賣東西。在這裡賣的商品，可是要經過管理委員會挑選過後才能擺攤，必須要有獨特性，而且不可以跟其他人相同。我之前的插畫跟自己做的手飾，也曾在這裡的店寄賣，算是我生活中的貼補。在這裡你可找到剪紙畫作、手工童裝衣物、手工珠寶包包、木製藝品。這裡的小吃攤也非常不錯，有日式料理、烤乳豬、手工蛋糕……等，選擇不少。所有的店面跟攤位都在一個室內大廣場裡，很容易找到所有的東西。

BISCUIT
| 格林威治市集外圈 |

店 | 3-4 Nelson Road，London，
Greater London，SE10 9JB

這裡是一家可愛的小咖啡廳，不只提供好吃的蛋糕，還提供一種好玩的娛樂。這裡提供已經成型的陶瓷出模，像是杯子，茶壺，相框，盤子應有盡有。你只要在這裡用他們提供的陶瓷顏料，畫上自己喜歡的裝飾，即可請他們替你燒窯。你可以在這裡慢慢畫，喝杯咖啡，做個屬於你自己的杯子，不管是送人還是自己都很棒喔！

SO ORGANIC

這是一間推廣有機生活的店,各地蒐集的有機保養品牌都可以在這裡找到。這裡還不只這些,生活用品像是洗衣粉,洗碗精都有一些比較環保的品牌。我在這裡甚至發現一個好玩的衛生棉替代品,叫做MOON CUP,可以重複使用,我原本以為沒人會用,但是他旁邊的小筆記本裡寫滿大家試用過的好評,果然英國環保人士真的很多。

店 | 22 Nelson Rd ,London,
Greenwich,London,SE10 9JB

RED DOOR
| 格林威治市集外圈 |

店 | 10 Turnpin Lane, London,SE10 9JA

201

這間小店原本是間小藝廊,第一層賣的是設計師做的小飾品,下面一層是個小小畫廊展示廳,我替它們畫的壁畫也還在牆上。現在因為店主生了小孩,整個店做了變動,轉型添加了小咖啡店跟蛋糕,但裡頭的藝術氣息仍然不減。

CLOCK TOWER MARKET

店 | 166 Greenwich High Road，SE10 8NN

FOUNTAIN FOOD COURT

店 | Greenwich Church Street，London，SE10 9BL

減價書店就在往小市集的路上，裡面的產品永遠都在打折。有許多烹飪書小說、文具都以超便宜的價位出清中。

它的泰式咖哩 THAI GREEN CURRY 可是很受歡迎的小吃，一盤五鎊份量足又好吃，真的是平價美食。

反觀 CLOCKTOWER 這個市集，東西就很不一樣，這裡的東西有古董、舊書、傢俱、舊衣等。其實這裡有很多可以挖寶的東西，完全看你的眼光如何。有些攤子的東西，都是他們去拍賣會整批收購回來的，東西有好有壞，碰不碰得到也全是運氣，我曾經買到很划算的古董別針跟銀飾。

古董手錶也是許多人收藏者的愛物，不過要挑到好東西真的要做足功課！

義大利古董銀製咖啡組要價60鎊，而且還有一點議價空間，裡面東西十分完整，邊緣沒缺口。想想在特力屋隨便一套這種產品，就要幾千塊甚至上萬，是不是很想衝來這裡挖寶呢？

CATHEDRAL STREET

BOROUGH MAKET
(GREEN MARKET)

BOROUGH MAKET
(JUBILEE MARKET)

ROCHESTER WALK

BEDALE STREET

MIDDLE ROW

BOROUGH HIGH STREET

STONEY STREET

LONDON
BRIDGE

3 BOROUGH MARKET

　　這個市集是倫敦的美食市集。平日時段以蔬果食品批發為
主，零售的市集只有一周的三天，所有英國和歐洲的傳統產品，
都會在這裡出現。新鮮的農產品、蔬菜、野味跟新鮮麵包，為數
眾多、各式各樣的小吃攤販，你可以在這裡吃到新鮮的生蠔、大
鍋烹煮的奶油海鮮飯、用料十足的有機蛋餅、熱騰騰牽絲的現烤
起士三明治、超大份量的現煎德國香腸大亨堡、散發濃濃奶香的
鹹味英式鬆餅、口感層次豐富的德國蜂針蛋糕，還有各式各樣農
場出品的乳製品、果醬、沾醬可以試吃。接近聖誕節時，還會有
節日限定的野味小罐頭，和傳統的聖誕節布丁。

店 | 8 Southwark Street，London，SE1 1TL
時 | Thu 11:00-17:00，Fri 12:00-18:00，Sat 8:00-17:00
鐵 | LONDON BRIDGE
網 | www.boroughmarket.org.uk

TURKISH DELIGHT

在納尼亞傳奇，冰雪女王的童話故事中，二弟受到了冰雪女巫的誘騙，女巫拿來引誘他的，就是這個土耳其軟糖。我嚐過超多種土耳其軟糖，其實這個東西真的是甜到爆，但是有一種很迷人的香氣，配上裡面的果仁，還是會讓人想再吃一顆。

新鮮魚類產品種類繁多，
看起來都好新鮮喔。

因為某位明星廚師曾在這裡拍攝電影，這個市集開始變成一種時尚的買菜地點。這裡的食材種類眾多，各種奇奇怪怪的肉品，或是歐洲五花八門的特有蔬果，絕對會令喜愛新奇食材和下廚的人心醉神迷，流連忘返，不過不管你愛不愛烹飪，在這裡吃吃喝喝就是一件令人快樂的事！

MULLED WINE
香料紅酒

香料酒可以追溯到 1500 年前，僧院僧侶會用糖和肉桂等其他香料，加熱紅酒飲用。香料酒是歐洲冬日節慶的熱門飲料，帶著濃濃的肉桂味，超級暖身。

不可錯過的德國大香腸，
烤的脆脆的加上酸黃瓜跟芥末，
超級美味！

這個市場裡你可以常看到
許多不常見的肉類，
看看今天的菜單就是：鴕鳥漢堡！
還有聖誕老公公的朋友馴鹿漢堡！

當天現做的點心
令人心情美好。

各式英國臘腸，
可以買回去自己烹煮。

207

新鮮水果蔬菜每顆都又大又飽滿，
看起來新鮮可口，不同種類的香菇
讓你嘆為觀止。馬上買些回家做個
番茄義大利麵，還是奶油蘑菇燉飯
都是極品。

各種不同的麵包沾油，
帶罐回家好好嚐嚐。

看看這些以市集食材為主題的手繪杯盤，
超級精緻可愛，讓人忍不住想買一套。

208

PARMA HAM

一種用礦物鹽醃製的火腿。一般要經過十二至十八個月的風乾過程，
經過驗證後才可以在上面烙上 PARMA HAM 的字樣。通常會被切成
薄片，這種薄片薄到可以透光而且通常是有技術的師傅人手在切，以
免機器熱度破壞肉質，這醃肉搭配哈密瓜非常好吃，值得一試。

這個是市集裡賣的黑白乾松露，品質不錯香氣濃厚，我
特別喜歡它的松露油，跟它的松露鵝肝，但是松露鵝肝
醬要碰運氣才會出現。

4 PORTOBELLO MARKET

這是號稱歐洲最大市集，真的是長到像沒有盡頭，前端是古董市集，後端賣的是蔬果，如果你沒有好腳力，大概還沒走到蔬果區，就要陣亡休息了。

出了地鐵站只要跟著人群走，就會被帶領到這個充滿色彩跟寶物的市集。裡面物品多到令人眼花撩亂，一條街有兩千多間以上的小攤跟店家爭奇鬥艷。這裡的建築也充滿特色，保持著維多利亞時期的風貌，十分優雅古老。

店 | Portobello Road，London，W10
時 | Sat 8:00-18:00 (市集時間)
鐵 | NOTTING HILL GATE
網 | www.portobellomarket.org

PORTOBELLO ROAD

PEMBRIDGE ROAD

市集在這整條路上

NOTTING HILL GATE

NOTTING HILL GATE

話說看到這種邊邊有
小黃燈的斑馬線，代表行人先走，
所有車都要停下來等你先過，
是名副其實的公主道。

ARANCINA
NOTTING HILL

這裡賣著好吃的義大利比薩，
算是進入市集衝鋒陷陣前，補
充能量的好地方。在裡面吃
的話要加錢，由於人每次都暴
多，我建議可以買著邊走邊
吃。

店 | 19 Pembridge Road，London，W11 3HG
電 | 020 7221 7776
時 | Mon-Sat 8:00-23:00，Sun 9:00-23:00

　　我要提醒大家的是，近年來有越來越多商家，開始賣仿冒品跟劣質的銀器。如果純粹是因為喜歡而購買，那就沒關係，如果是為了收藏增值的話，真的要謹慎做功課。通常要找可以增值的古董，得要找到它的源頭，也就是拍賣會或是倫敦外圍的古董市集（FAIR），價錢會低很多。

　　事實上，如果你買了一個古董銀製杯只要 3-5 鎊，頂多只能當個紀念品玩玩罷了。我常常聽到一些傻孩子說：「這個古董真便宜。」殊不知都是一堆仿古製品，並無收藏價值。市場上也常見翻過來，就有 MADE IN CHINA 字樣的瓷器，冒充英國骨瓷在賣，請大家還是睜大眼睛小心選購。

可愛澡盆形狀的肥皂盒，還有蛋形的首飾盒。

大把大把的銀製餐具。

ALICE

顧名思義，就像愛莉絲夢遊仙境一樣有著許多可愛的小東西，裡面各式各樣的古董，從以前的玩具到一些美麗的瓷器，完全符合尋寶精神。

復古鐵片裝飾

大大小小的可愛陶瓷首飾盒

小油畫，有一個系列都是
動物頭人身的畫作十分可愛。

HIGH LAND STORE

█ 店 | 59A Portobello Road

這裡專賣蘇格蘭的羊毛製品，很多
品質極佳的蘇格蘭圍巾、帽子、毛
衣可以選購。

小分享
×
銀製茶具

通常銀製茶具是鍍銀（SILVER PLATED）居多，裡面通常是鐵或是銅。真正好的是純銀（SOLID SILVER）。最好拿放大鏡看一下後面的 HALLMARKS。

一組常見的烙印會有 5 個。 1. Standard mark 銀的認證。 2. City mark 地區。 3. Date letter 年代（通常以字母代表）。 4. Duty mark 繳稅地區。 5. Maker's mark 出產者。

純銀比較常看見的是一隻獅子，其實從這些小烙印就可以看出很多銀製品的故事。有興趣的人可以自己作點功課，我就不獻醜了。

軍用防毒面具，跟軍事用品，
喜歡軍用品的朋友不要錯過。

215

這些都是二手的毛皮大衣，價錢有貴有便宜，切記如果你手摸過去抓了一手毛，代表它沒被好好保存，以後會掉的更誇張最好不要買，如果你已經不幸買到了，可以試著把它在冰箱冰幾天應該可以減緩。

CHLOE ALBERRY

一間特別的門把專賣店。專賣各
式各樣的把手，材質多元，十分
有趣。 有時候把櫃子上的把手換
了整個感覺會不同。她有許多石
頭系列的把手，裝在木頭櫃子上
很有設計感。小小東西可以為家
裡增添不少趣味。

216

這間古董蕾絲攤販挺有名
的，很多日本觀光客都到
這裡指名購買。

1

BERMONDSEY ANTIQUES MARKET

店 | 12 Bermondsey Square，London，SE1 3FD
時 | Fri 04:00-13:00

　　同場加映！真的對古董有興趣蒐集者，你可以去倫敦的古董市場 BERMONDSEY ANTIQUES MARKET，只有星期五，清晨四點開始到中午。不要被周圍的破爛感給騙了，很多古董商可都是來這裡挑貨呢！當你清晨到的時候，你會覺得你瘋了，一大清早來這裡等蚊子，然後你會開始看到慢慢的有人，把東西從小貨車裡搬出來，接著就會有一堆不知從哪裡冒出來的外國人，突然蜂擁而上，拿著大把現金交易。我說的大把是真的幾百鎊、幾百鎊的紙鈔，大家搶貨之兇狠，若一猶豫很快好貨就被掃空。我上次去的時候，有位仁兄一直指著拿在我手上的古董藥盒，硬要我讓給他。

　　反正如果你有興趣，建議你來碰碰運氣，東西都是小物件，銀器為主，但過了清晨第一次卸貨，你也不用來了，好東西早就在 10-15 分鐘內被挑走。我是說真的！如果你只是觀光客，請不要大清早來這兒吹冷風，請去 PORTOBELLO 就好，謝謝。

2

CAMDEN PASSAGE

店 | Camden Passage，London，N1 5ED
時 | Wed 09:00-17:30，Sat 09:00-17:30

　　這個小小的骨董市集雖然平凡，但是也非常倫敦。這個區域有很多可以逛的店，不只古董。這裡的觀光客不多，看到的面孔都是本地人。賣的物件走向偏家飾，所以有很多東西，不是觀光客帶的走的。很多人說這裡的骨瓷很便宜，但是大家要有心裡準備，這些物品都是舊貨，上面很可能還有一層灰塵，絕對不會在你面前發光，先給你們一些心裡準備。我個人喜歡它的不擁擠，也喜歡這裡的氣氛。大家自己衡量，如果時間充裕可以來走一趟。

STABLE MARKET

CAMDEN LOCK
BUILDING

CAMDEN LOCK
VILLAGE

5 CAMDEN MARKET

CAMDEN HIGH STREET

CAMDEN MARKET

店 | Chalk Farm Road，London，NW1 8AH
時 | Sat-Sun 10:00-18:00
（週一到週五只有一些商家營業，比較不熱鬧）
鐵 | CAMDEN TOWN
網 | www.camdenguide.co.uk/markets/camdenmarket.htm

CAMDEN
TOWN

小吃店家，雖然有許多中國餐，不過賣的多半是外國人愛的糖醋雞、炒麵、春捲類的食物。

　　這裡是個自成一格的城市。龐克、嬉皮、搖滾、電音族群的聚集地。這裡的頹廢風格、濃厚的皮革味、耀眼的色彩、牆上的壁畫、不避諱世俗評價的特別風情，使我在這裡特別自在。

　　在這裡可以看見滿臉穿環的年輕人，也可以看到另類的歌德式少女，或是頭髮編的五顏六色的男孩女孩。這裡追求的是自我解放，誇張的風格、跳脫枷鎖與束縛的個性，讓這裡變成年輕人的代表區。

　　想當年，我年輕時也有過一段，對這裡愛不釋手的情節，頭髮剃的亂七八糟，金屬鍊條、破牛仔褲，完全屬於自我感覺良好的時光。現在回想起來，也是一段愉快的歲月……，果然是老了。

219

　　也許你並不愛這種生活或是這些穿著，但是來這裡逛逛，也會給你一種新的文化體驗。這一區主要是以地鐵站街上兩旁的商家，跟四個市集區為聚集地。四個市集區分別為 CAMDEN MARKET、STABLE MARKET、CAMDEN LOCK BUILDING、CAMDEN LOCK VILLAGE。

02 01

03

01 各種馬甲跟洋裝，超級性感。 02 巨大的馬銅雕，馬廠市集整個主題都以馬為重心。 03 有特色的手工皮件筆記本跟日記。 04 色彩鮮艷的靠枕，可愛的紙燈罩，每個都是可愛的伴手禮。 05 各式流行服飾店面，等你去尋寶。 06 重金屬衣服專賣店。 07 特別的設計師衣服。 08 電音天堂，裡面有超多可以讓你在夜店倍受矚目的酷行頭。

這裡的皮件特別多,想要一個
越用越有價值的皮袋,來這裡
找就對了。

雕塑藝術品在這裡隨意呈現,
讓整個地方有一種奇異的裝飾感。

222

各國美食等你搜尋

色彩鮮艷的美麗土耳其瓷器。

這裡街上的店都有這誇張的招牌，讓人不想看到它們也難，大球鞋、牛仔褲，連龍都出現了！

224

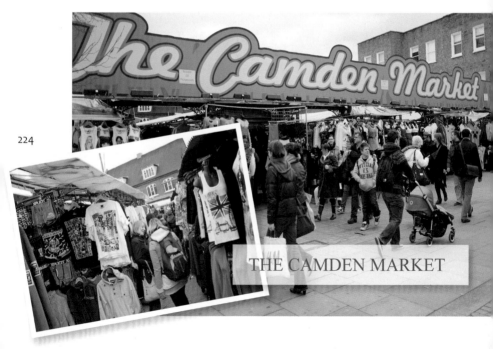

THE CAMDEN MARKET

CAMDEN LOCK VILLAGE MARKET

CAMDEN LOCK VILLAGE

這個區塊的市集主題雕塑為獅子！

摩托車樣的座椅，給旅客吃飯用的，十分有趣味。

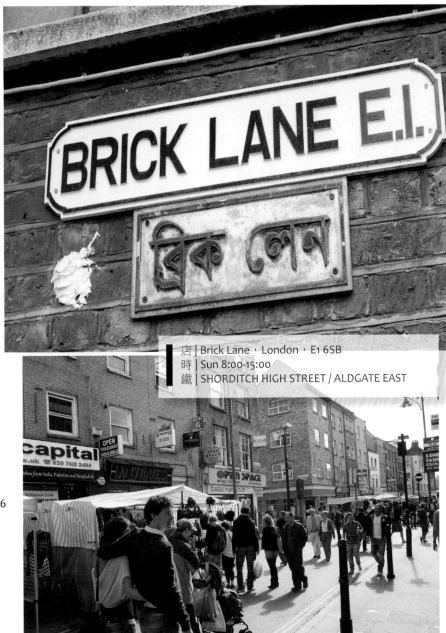

店 | Brick Lane，London，E1 6SB
時 | Sun 8:00-15:00
鐵 | SHORDITCH HIGH STREET / ALDGATE EAST

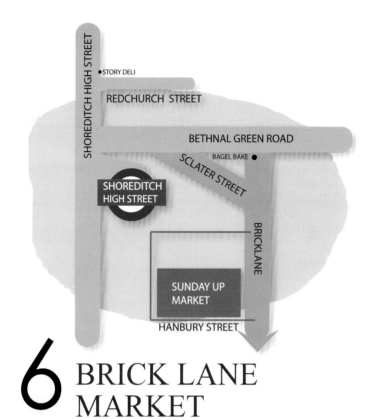

6 BRICK LANE MARKET

　　磚巷市集（BRICK LANE）被當地人稱為 BANGLA TOWN，因為它是倫敦孟加拉社區的心臟，是一個傳統的舊貨市場，出售的各種各樣的商品，包括二手的衣服、家具、黑膠唱片，以及許多復古的商品。這邊跟台灣的跳蚤市場差不多，二手東西琳瑯滿目，裡面還包括許多二手傢具。這裡大部份東西都可以殺價，如果你臉皮厚的話，還可以幫自己賺點折扣。

　　通過這條街上時，你會經過一個市集叫做 SUNDAY UP MARKET，也是星期天早上 10 點到下午 5 點。這裡賣的也是很多小設計師的衣服、手工藝品、室內擺設，還有一區很大的小吃區。這個小吃區很不錯，有著各國的小吃美食，從印度、中南美、歐美到非洲，異國料理大總匯，價錢大概都是 5 鎊一份。唯一缺點就是人很多，可能要站著吃。

這裡有便宜的蔬果，通常以一盆一盆出售，一鎊一盆真的很便宜，唯一壞處是東西太多了一個人吃不完，只好分給同學或鄰居。

01 路邊攤在賣裝咖啡豆的咖啡袋,這種回收咖啡袋其實還蠻有味道的,拿回家做裝飾品也不錯。 02 雜七雜八大拍賣,其實裡面可以找到很多便宜可以改造的好東西,雖然樣子破爛,只要你肯花點巧思就可以重新給它生命。

　　我要先給你們一點心理建設,以免初次造訪的人會覺得害怕。這裡看起來破破爛爛的,加上白人出現的比例低,大多是印度跟中東面孔。我常常在這裡一個人翻東翻西,大部份的人沒什麼危險性,只是要小心自己的錢包,這裡小偷比較多。如果有人跟你亂搭訕,不要理他微笑走過即可,不要太緊張。如果你是自己一個女生的話,不要太晚在那個區域遊蕩比較安全。雖然現在因為奧運,治安環境改善很多,但是對女生來說還是小心點好。

路邊店面，這裡特別多古董衣 VINTAGE，
喜歡特別懷舊復古風的同學可以逛逛。

Sunday up market 入口區

STORY DELI

　　這間店賣的 PIZZA 真的好好吃喔，餅皮超薄酥脆，配上新鮮的餡料跟沙拉，真的很讚！價位一個 PIZZA 15 鎊，小小偏高，但是真的不錯吃。裡面賣的東西多半有機，連可樂都是有機可樂，算是挺特別的。推薦 PUMPKIN GOAT CHEESE 南瓜羊奶，或是 CHICKEN MUSHROOM 雞肉蘑菇，這兩個口味我都覺得不錯。

230

店 | 3 Redchurch St London，E2 7DJ
電 | 079 1819 7352

店 | 159 Brick Lane，London，E1 6SB
電 | 020 7729 0616

BEIGEL BAKE

　　來到 BRICK LANE 一定要來這間報到，24 小時全年無休。首選 SALT BEEF BAGEL 鹹牛肉貝果 和 CHEESE CAKE 起司蛋糕。我就是覺得這兩樣好吃，尤其那個鹹牛肉加上芥末，我沒再吃過第二家跟他們一樣好吃的了。店家從砧板上切下大塊牛肉，肉質瘦而不柴，抹上一層淡淡的芥末，夾入紮實的貝果中，一口咬下，啊～那鹹香的口感讓我回台灣後還是好想念喔！起司蛋糕跟普通的也有點不同，口感比較實在，不是那種日式鬆軟綿密款，不喜歡別買喔。對了，請千萬不要走錯，誤入隔壁的貝果店，同樣的東西但是不好吃。

231

我其實常在這裡買一些看起來破爛，但是骨架完好的傢具自己修復。一把 5 鎊的木頭小板凳，一張 4 鎊的爛鋼琴椅，只要骨架完好，重新鋪布後，看起來會比外面買的還有設計師感。許多被人遺忘的好東西，在這裡賤價出售，花點心思跟時間，又可以重新賦予它新生命，這就是我喜歡來這裡的原因。

小分享
×
鋼琴椅改造

這裡示範破爛傢俱大變身。我花了 4 鎊買下一張破爛的古董鋼琴椅，把椅墊拆開重新鋪海綿跟印花布，路邊買的流蘇也用上了。現在它變身成設計師鋼琴椅了。喜歡嗎？你也可以自己動手做！

拆舊布，重新封布，固定，組裝回原樣，幾個步驟舊椅子就重生了！

小拖盤大變身

利用簡單的蝶古巴特技巧，
就可以改造身邊找到的小東西！

不只木頭的東西，也
可以用同樣步驟，把
漂亮的餐巾紙，轉貼
到布上，切記專業膠
水雖貴，但是一分錢
一分貨，可以水洗，
盜版的膠水一下水，
圖案就容易分離！

01 先將木器刷一層底漆 02 挑一張喜歡的餐巾紙把花紋剪下 03 把餐巾紙分開只取印刷的那層

233

04 用蝶古巴特膠水由內到外輕輕刷上 05 刷一層亮光漆保護就搞定了！

OLD SPITALFIELD MARKET

BISHOPSGATE STREET

BRUSHFIELD STREET

COMMERCIAL STREET

LIVERPOOL STREET

店｜1 Crispin Place，Spitalfields，
London，E1 6DW
時｜Tue-Fri 10:00-16:00，Sun 9:00-17:00
（建議星期天攤販比較多且齊全熱鬧）
鐵｜LIVERPOOL STREET

7 OLD SPITALFIELDS MARKET

　　這個倫敦古老的市場，以前都只有星期天才有，現在經過整合，市集的天數增加，但還是以星期天最有看頭。

　　市場裡面是個創意市集，各式各樣設計師的巧思在這裡呈現。裡面賣的東西十分廣泛，從鋪在地上的小牛皮、羊毛、裝飾品、壁貼、鞋子、衣服、首飾，到小朋友喜歡的訂製玩具。裡面東西很多，但是基於設計師自創品牌的關係，可以選到很特別的東西，但是價格不一定便宜。當然也有一些比較便宜的小東西，不過來這裡就是要感染一下，充滿創意的趣味，欣賞不同人的巧思。在市集周圍也有獨立商店、精品店、咖啡館跟餐廳都很不錯。整體環境很舒服，可以感受到濃濃的週末市集氛圍。

URBAN

URBAN OUTFITTERS 服裝店

可愛的卡片

特別的印花古董衣

男裝店

女鞋店

這間專門賣帽子的店很特別，英國人喜歡
在參加正式場合時戴這些美麗的裝飾帽。

各式各樣的設計師品牌。

238

印花袋子

成堆的絲巾，一條兩鎊，超級便宜。

在英國市集裡，常會看到這種賣醃製橄欖的攤位，其實還真的不錯吃，可以請店家讓你嚐嚐。

239

8 PETTICOAT LANE

　　襯裙街在 1750 年就存在，分佈在兩條街道的 1000 多個商家跟市場攤位，讓這裡很熱鬧。裡面的東西比較便宜，像是個台灣夜市的翻版，在這裡裡你可以買到民生用品及各種衣服。

　　衣服就是我要說的重點了。在這裡有很多攤販，從大品牌的工廠拿到過季或微瑕疵品。可以見到的牌子，像是 FRENCH CONNECTION、TOP SHOP，甚至是名牌 RALPH LAUREN 都有可能。來這裡幸運的話就可以挖到寶喔。上次在這裡挖到了名設計師 KAREN MILLEN 的洋裝跟毛衣，一件 5 鎊，雖然釦子有點脫落，但回家補兩針就跟新的一樣啦。當然裡面也參雜很多粗製濫造的東西，但只要肯動手在堆得像小山的衣物中翻找，你可能會有意外的驚喜喔！

　　男生在這裡可以找到很多布料不錯的毛衣，我曾經只花了 3 鎊買到一件純羊毛衣。不過如果你喜歡在整潔的店面裡，優雅地在衣架中遊走，櫃上每件衣服都被擺放得整齊有序，且散發著誘人的光芒，這裡你大概就不會喜歡囉。

大批大批由工廠運出的過季成衣。

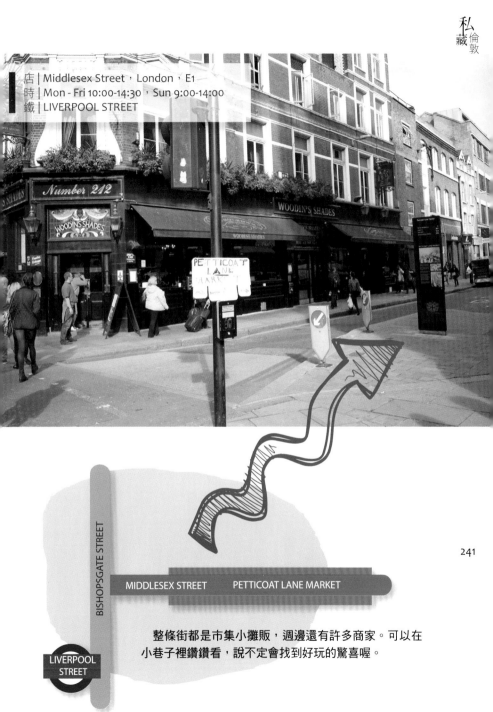

店 | Middlesex Street，London，E1
時 | Mon - Fri 10:00-14:30，Sun 9:00-14:00
鐵 | LIVERPOOL STREET

私藏倫敦

BISHOPSGATE STREET

LIVERPOOL STREET

MIDDLESEX STREET　　PETTICOAT LANE MARKET

整條街都是市集小攤販，週邊還有許多商家。可以在
小巷子裡鑽鑽看，說不定會找到好玩的驚喜喔。

各種牌子的小洋裝。

看清楚喔，這裡賣的是 French Connection 的過季耶。

243

chapter 3.5
必買回國
伴手禮

Marks & Spencer (M&S) 算是餅乾跟巧克力伴手禮的首選，
品質好、包裝精美、價位也不貴。

小餅乾 SAVOURY NIBBLES、比利時煎餅 BELGIAN WAFFLE，
這些都屬於輕量級，適合塞進行李箱又不會超重的好伴手禮阿。

超市伴手禮 1

　　其實要找比較平價，但是台灣沒有的伴手禮，在各大超市就可以買到很多。尤其英國這個下午茶大國，英國產的餅乾巧克力都還蠻好吃的，最重要的是，其實有很多包裝精美的產品，不管是送人或是自己吃都還蠻令人愉快的。

英國有名的蘇格蘭奶油餅 SCOTTISH SHORTBREAD

TWININGS 的茶就有好多種，推薦玫瑰紅茶跟伯爵茶。

2 FORTNUM & MASON

鐵盒包裝的紅茶

　　這個高級的百年食品雜貨店，現在成了百貨公司。在這裡，被喻為英國上流社會，品質極佳的下午茶葉跟點心，可以讓你開心的買回家。這間百貨的櫥窗每次都非常美麗，只要經過這裡，很難不回頭多看幾眼。因為它的名氣，許多觀光客也愛來這裡朝聖。雖然前面提到它的下午茶價位不太划算，但是到這裡來買買茶葉，倒是不錯的選擇。

　　這間百年的百貨有著皇家認可授權章，由此可見，它的食物品質優秀且有公信力，並沒有被大批觀光客影響到品質。這家店氛圍非常有皇室氣息，每個人都優雅的挑選東西，服務生也穿著合身燕尾服為您服務。

店 | 181 Piccadilly，London，W1A 1ER
電 | 020 7734 8040
時 | Mon-Sat 10:00-20:00，Sun 12:00-18:00
鐵 | PICCADILLY CIRCUS
網 | www.fortnumandmason.com

聖誕節前的搶購潮

01 玫瑰花果醬 02 水蜜桃紅茶 03 經典伯爵紅茶

　　這裡茶葉的種類很多，不熟悉的人到這會完全被茶葉淹沒，不知道該如何下手，不過還好這裡的服務生都會很有禮貌的為你介紹。大致來說，除了常見的茶種以外，還有許多由調茶師調配的混合茶（BLENDED TEA）及混合調味茶（FLAVOURED TEA）。我個人推薦伯爵茶（EARL GREY）跟水蜜桃口味的紅茶，配上幾片手工餅乾，讓你自然而然的放鬆起來。它這裡的果醬也很不錯，我會特別推薦它的玫瑰花瓣果醬（ROSE PETAL JELLY），它們的玫瑰花是採用牛津郡玫瑰花園的玫瑰，在傍晚香氣最濃厚的時候採收。配上鬆糕、鬆餅跟厚厚的奶油一起吃，淡淡的玫瑰香，會在你嘴裡留下幸福的滋味喔！我自己每次都會買一大推回家存貨。雖然它稍微偏甜一點點，不過不甜的果醬就不叫果醬啦！

　　等等，別只顧著吃！它的樓上還有很多精品，像是香水、保養品、皮件……等，也可以去逛逛。我以前一直忽略樓上是百貨公司這件事，我想應該有很多人也跟我一樣，被樓下的食物所誘惑，所以在樓上逛街不用人擠人，有許多不錯的品牌可以選擇。

247

皇家認證

樓上精品區

顏色鮮艷的茶具

聞茶區

ANGELA FLANDERS 96

3 ANGELA FLANDERS

這間獨一無二的香水店，其實位於歌倫比亞花市入口前。特別把它挑出來，當然是因為它的香水真的很不錯。

這家的香水，只有在這間本店，跟香水師女兒的精品店裡販售。如果剛好來的時候不是星期天，只好到店主女兒的店裡挑。兩間店相隔不是太遠，精品店離 LIVERPOOL STREET 地鐵站 5 分鐘的小巷弄裡。我個人還是建議到本店購買，因為產品比較豐富，店內氣氛也比較好。

櫥窗擺設帶著濃濃的神祕氣息。

【女兒的精品店】
Precious 16 Artillery Passage，
Spitalfields，London，E1 7LJ

251

01/02 精油專區，有分室空氣淨化用的精油跟身體
用的精油。不要買錯了，買前問問店員確認一下。
03 店後面的小花園。

安吉拉這位香水師的香水魅力，在於它豐富濃郁香氣中，帶著神祕的氣息。她專門收集稀有和異國情調的材料，創造微妙的香水，吸引了很多收藏客跟和許多客戶，在 2006、07 年都受到 FIFI 獎的提名（年度香水大獎，又稱香水界的奧斯卡獎）。我是在無意之中找到這間小店，然後愛上了它調配的香水，回家做了功課才認識這位香水師的。如果你在店裡看見一位，高貴有魅力的白髮老奶奶，沒錯她就是店主。除了香水，店裡還有賣保養乳液，包裝精美，標榜精油功效，可以看看。

香水本身就是一個神奇的東西，有時候要像香水電影裡的葛奴乙一樣，到處找尋獨特的味道。我雖然不是專家，但是天生比較敏感，它的香水帶著天然精油的味道，跟市面上的人工香精香水，聞起來就是不一樣。

　　香水家族基底分類為好幾種，不同香水的層次，隨著時間，跟著身體體溫變化味道也會改變，又或者擦在不同人身上，會跟體味結合，產生各自不同的味道。每個人的喜好不同，在店裡，可以好選擇適合自己的味道。我個人特別喜愛茉莉花香水，或是白玫瑰香水。

　　價位與一般名牌香水差不多，甚至要再便宜一些，淡香水（EAU DE TOILETTE）的濃度低，酒精比例較高揮發的快，大概在身上可以持續 2-3 小時。不過我個人推薦濃度較高的香水（PARFUM），香味在身上的持續時間，大概在 5-7 小時。預祝各位在這間神奇小店，都能找到最適合自己的特殊香味。

香水聞香區
旁邊有試紙條跟鉛筆，
可以把你喜歡的味道記下來慢慢挑選。

香水瓶特寫！看起來
非常精緻的玻璃瓶子。

店｜96 Columbia Road，Shoreditch，
　　London，E2 7QB
電｜020 7739 7555
時｜Sun 10:00-15:00（或預約）
鐵｜SHOREDITCH HIGH STREET
網｜www.angelaflanders-perfumer.com

店 | 4 Monmouth Street，Seven Dials，
London，WC2H 9HB
時 | Mon- Sat 8:00-19:00，Sun 12:00-18:00
鐵 | COVENT GARDEN STATION
網 | www.hotelchocolat.co.uk
（在市區有超過 10 間分店，
建議看看網上哪家離你最近！）

4 HOTEL CHOCOLATE

254

　　這家巧克力旅館裡，巧克力絕對是令人愉快的產品。我對巧克力相當挑嘴，但是它們的巧克力，每塊都又香又濃，讓人迫不及待想塞到嘴裡。有一次吃到它們家含酒的 MOJITO 白巧克力，實在是驚為天人，從此便死心蹋地的臣服於這家，但是後來不知道為什麼，這款巧克力停產了，每次想到這件事，都會讓我黯然流淚啊⋯⋯。

　　它們家其他含酒的巧克力，我都試過，希望能再找到這款停產的代替品，但是組合的口味似乎都怪怪的，有些甚至給我一種咳嗽藥水配巧克力的感覺，所以避免踩到地雷，我不會建議購買含酒的巧克力，請挑選它們家正常的巧克力比較保險。另外也有很多特別口味的巧克力，例如海鹽、玫瑰香檳，喜歡嚐鮮的朋友可以試試。

　　猜猜我離開英國時，公司同事送的離別禮物之一是……？超級無敵大盒的 HOTEL CHOCOLATE！我猜一定是同樣身為巧克力愛好者的上司選的。

自己吃的話買這種大塊很划算，
通常三大塊 10 鎊，超多口味自己選擇。

這些是我吃過覺得不錯的巧克力，
尤其是海鹽焦糖 SALTED CARAMEL
跟草莓白巧克力 ETON MESS，好好吃喔！

HOTEL Chocolat.

COCOA GROWER

255

店 | 2 The Market，Covent Garden，London，WC2E 8RA
電 | 020 7836 2173
時 | Mon-Fri 10:00-20:00，Sat 9:00-20:00，Sun 11:00-18:00
鐵 | COVENT GARDEN STATION
網 | www.thorntons.co.uk
（市區有非常多分店，建議看看網上哪家離你最近！）

5 THORNTONS

　　這個英國的老牌子，在專賣店還有機場販售，很多人跟我說過它的巧克力口味多種又有新意，但是相較之下，我還是偏好 HOTEL CHOCOLATE。不過如果以太妃糖（TOFFEE）來比賽的話，這間店絕對是第一名！太妃糖基本上是用焦糖、蜜糖、奶油做出來的硬塊糖果，在口中有嚼一嚼後會變軟，比較黏牙，但是在口中香濃的味道，是一種極大的誘惑。香濃牛奶加上葡萄乾、堅果各種不同口味，真的令人回味無窮。

　　如果你沒有買它的巧克力，請買它的太妃糖，而且價錢不貴，也很適合送人喔！

香濃太妃糖，快樂的在你嘴裡融化，
切記要刷牙，蛀牙我可不負責！

看看這些美麗的包裝，是不是每個都好可愛，好想讓你全部買走。
整個風個是超級甜美路線，超級合適送人。

店 | 38 Covent Garden，the Market，
　　 London，WC2E 8RF
電 | 020 7836 7681
時 | Mon-Sun 10:00-20:00
鐵 | COVENT GARDEN STATION
網 | www.whittard.co.uk
　　（市區有非常多分店，
　　 建議看看網上哪家離你最近！）

6

WHITTARD

　　這間有名茶店到處都有分店，產品也很多，價位上沒有特別高。它的
包裝精緻可愛，一看就覺得適合拿來送禮。

　　店裡燈光柔和，佈置的十分溫馨可愛，喜歡甜美風格的女孩，應該要

可愛茶壺大減價，如果你是在打折的時候來的話，可以帶個俏皮的茶具組走喔。它家的水果茶都有放在聞香瓶裡讓你聞聞看你喜歡哪種水果味。其實水果茶泡起來除了濃濃的水果香，本身來說他是沒有很大茶味的，我自己個人喜歡在丟個紅茶包一起沖，這樣就變成水果口味紅茶。

來好好挑選。基本上它的茶葉品質算是不錯，水果茶還蠻好喝的，較出名的是它的茶粉（INSTANT TEA）。這些茶粉口味很多，在英國冬天熱熱喝十分不錯，我想若在臺灣，夏天泡一壺水果冰茶應該也很受歡迎，味道多半是酸酸甜甜的，在店裡通常都有提供試喝。之前在攝政街和牛津街逛到口乾舌燥，看到 WHITTARD 的店面就像看到救星一般，衝進去拿了一杯免費試喝水果茶，瞬間元氣大振啊！

　　台灣古典玫瑰園有賣它的產品，但是價錢幾乎是翻了兩倍，如果你覺得還不錯可以多帶一些。

話說大減價最划算，你看半價耶！當然其實它也有很多長期的優惠，像是任選三罐茶粉 15 鎊這類的。如果你沒趕上大減價的話，也可以利用這些小折扣省點錢。

店門口

試喝區，每壺茶下面還有蠟燭加溫，不會喝到冷茶。

7 TEA PALACE

又是茶嗎？沒辦法，英國的伴手禮不外乎就是茶、餅乾。當然，如果你要帶條蘇格蘭裙也是可以啦！

260

這間茶店利用高貴的紫色，包裝上十分精緻，跟 WHITTARD 的路線不同。一個是走可愛平易近人的鄉村風，TEA PALACE 走的是高貴典雅路線。茶的質感上是比較精緻一些，價錢上當然也高一點。一盒八小罐的茶葉禮盒，大概在 35 鎊左右。這個禮物適合送給長輩，或是需要體面一點伴手禮的好選擇。在 COVENT GARDEN 的二樓，有茶葉的試喝區，建議上去喝喝看，說不定會影響你買茶的決定。

漂亮的櫥窗擺設，散發出高級感。

店 | 12 The Covent Garden，Market London，
WC2E 8RF
電 | 020 7836 6997
時 | Mon-Fri 10:00-19:00，Sat-Sun 11:00-18:00
鐵 | COVENT GARDEN STATION
網 | www.teapalace.co.uk

看看這些漂亮的禮盒，
是不是很適合送人勒。

送人的小罐茶葉禮盒，
包裝美麗精緻，散發濃濃英國風。

店 | 15 Neal's Yard，London，WC2H 9DP
電 | 020 7379 7222
時 | Mon-Wed 10:00-19:00，Thu 10:00-19:30，
　　Fri-Sat 10:00-19:00，Sun 11:00-18:00
鐵 | COVENT GARDEN STATION
網 | www.nealsyardremedies.com
　　有分店，請上網查離你最近的！

8 NEAL'S YARD

　　這是一個英國有機保養品牌。它的產品宗旨，天然跟安全，它們在英國的 DORSET 做產品設計、測試，也擁有自己的有機栽培園。我這個健康有機產品的信徒，常用它們的產品。

　　其實這個品牌是很有意思的，它們不單只是做保養品，還有許多課程，像是調配專屬保養品、按摩或是藥草課程。在我自己使用這個牌子的多款產品後，我有一個結論。由於它的東西都是天然精油配方或是萃取，它的乳霜偏厚實，雖然非常適合英國天氣，但卻

在台灣只適合冬天使用，夏天用的話可能會因為過度滋潤，反而容易長痘痘。

它有一個系列，是專門給孕婦跟嬰兒的按摩油跟乳液，我覺得很不錯，感覺安全溫和，我身邊孕婦朋友也說好用！不過我個人最常用的產品，是它的排毒塑身按摩油（DETOX TONING OIL），真的很保溼又有用，推薦給跟我一樣容易水腫的人。它的瓶子都是藍色玻璃瓶，非常漂亮，用完後可以再自行調配重覆使用，十分環保。

雖然有點離題，既然說到有機保養品跟精油，我順帶一提，另一個英國的精油跟芳療的老牌子，叫做 BASE FORMULA，東西不錯且價位合理便宜。因為我自己喜歡天然精油，我時常買它的精油去調配自己的洗髮精、沐浴乳和面膜。當然它也有一些保養品非常不錯可以嘗試。特別推薦一下它的蘆薈海藻凝膠（ALOE VERA AND SEAWEED GEL），質地清爽又便宜好用，而且超大一罐，很適合台灣夏天敷臉，晒傷時它的消炎功能也不錯喔！

巴哈花精，這個現在越來越被推廣的療程。

9
HOLLAND
AND BARRETT

店 | 21-23 Shorts Gardens，London，WC2H 9AS
電 | 020 7836 5151
時 | Mon-Sat 10:00-20:00，Sun 11:00-18:00
鐵 | COVENT GARDEN STATION
網 | www.hollandandbarrett.com
分店非常多，請上網查離你最近的！

　　它是英國聞名百年的優良營養食品公司，幾乎是英國保健品市場的龍頭，大概沒有其他品牌可以與之媲美，光是連鎖店就有Ｎ間，可想而知英國人對它的依賴。它專賣保健營養食品、精油、食材和堅果。最大的特點是，所有產品都是提取自天然的原料，這點讓我覺得比較安心。像是保護眼睛的葉黃素（LUTEIN）、治感冒吃的紫錐花、蔬果提煉的維他命跟鐵、女生常吃的月見草油、維他命或是魚肝油……等，都可以在這裡一次購齊。

　　這間店的服務員通常都非常的友善，如果找不到你要的東西，可以詢問他們比較快。在這裡應該可以買到送給長輩的伴手禮喔！

紫錐花，它有分錠或是液體狀，個人推薦錠比較方便。

01/02 各式各樣的維他命跟健康食品。03 果糖 04 綜合南瓜籽，太陽花籽，跟亞麻籽。這種混合包裝超方便，可以直接在早餐麥片加個幾勺，超級營養。

MANUKA HONEY

紐西蘭當地產一種植物叫 MANUKA，只有吃這種植物花蜜的蜜蜂，才能產生 MANUKA HONEY。我每次在快感冒時，都會狂泡溫水來喝，幸運的話就會好！在台灣百貨公司賣超貴，英國便宜一點。

TRILOGY 有機玫瑰果油，也有在這裡賣，長期用的話可以淡化一些疤，我通常拿來冬天睡前使用。

蔬果鐵

話說這個東西真的是救了我一命，我自己本身不特別愛吃紅肉。基本上除了出去吃飯外，自己在家都是以蔬菜跟麵食為主，有一段時間因為缺鐵，大掉頭髮，由於自己不敢亂吃維他命，所以我的營養師叫我吃這個牌子。它都是以蔬菜跟水果萃取的維他命，讓我覺得吃的很安心。

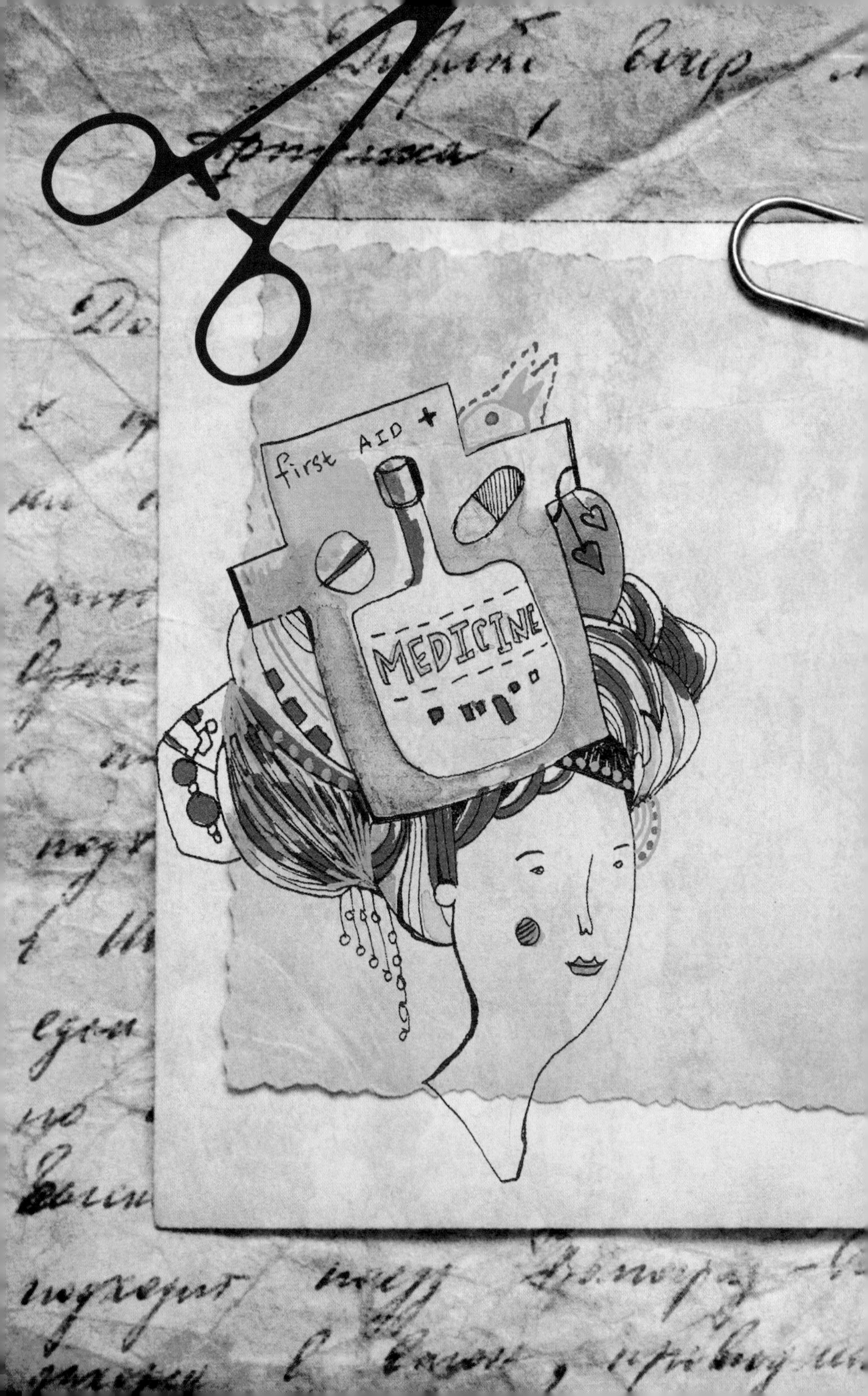
first AID +
MEDICINE

chapter

———

4

生病了怎麼辦？

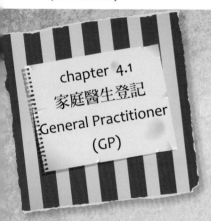

chapter 4.1
家庭醫生登記
General Practitioner
(GP)

　　人在國外最怕生病，尤其在英國，雖然資源免費，但不像台灣一樣滿街都是診所。

　　英國跟台灣最大的差別在於，台灣看診是直接找專科，但在英國不管你是什麼毛病，都要先經過家庭醫生這一關，如果病情真有需要，才會幫你轉到大醫院看專科，以免浪費醫療資源。

　　整個求醫程序可長可短，完全是看運氣。跟家醫預約看診，大約都要等待一周左右。如果需要醫生替你轉大醫院專科的話，我曾經等了兩個月的時間，但是也有過一個禮拜就「幸運」的排到。我不得不說，這種等待實在很讓人心急。如果你真的無法等待，只好直接去看私人診所，不過收費通常都不便宜。如果你是個常生病的人，可以在台灣先買個海外健康保險，這樣的話你看私人診所的費用，就會由保險公司給付。

268

　　在英國待這麼久，由於等待看病的時間較長，俗話說久病成良醫，感冒或是受傷這種小毛病，我大部份都可自行處理，利用成藥或是傳統藥草來減輕病情，剩下的還是得靠自我抵抗力恢復。但如果是比較嚴重或是沒遇過的情況，我多半還是利用 NHS（NATIONAL HEALTH SERVEICE）也就是國家健康資源，除了某些藥品部份自費外，連掛號費都不用支付。

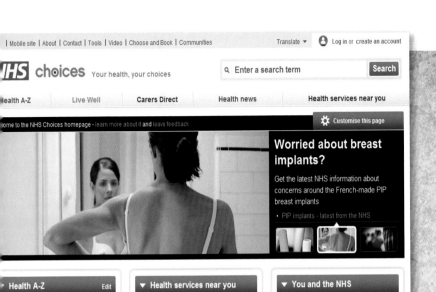

小分享
×
NHS

NHS（NATIONAL HEALTH SERVICE）在 1948 年推出以來，已發展成為世界上最大的公費醫療服務。NHS 的誕生是來自一個理想，希望良好的衛生保健可以提供給所有的人，這個原則至今仍是 NHS 的核心。

除了部份處方藥，眼科和牙科服務收費外，NHS 仍然是免費的，只要是居住在英國都可以使用。它涵蓋的範圍從咳嗽感冒、大小手術、產前篩查、意外事故到緊急治療和最終的生活護理，看來大部分英國的稅收，應該都貢獻到這裡了。

1

在英國看 NHS 醫生，大部份都採預約制，而且限制在離你家最近的醫護站。也就是說，如果不是此區登記的居民就不能看病。所以當搬進你的住所時，請一定要拿著兩份地址證明（ADDRESS PROVEMENT），也可使用銀行信、水電費信、學校信當證明文件，跟離你最近的 NHS 登記。

2

找到離你最近的 NHS 後，要去那裡填表格登記，並預約第一次的基本身體檢查，項目不外乎是身高、體重、血壓這類簡單的項目。等到檢查完了，登記的手續才算正式成功。成為這個醫護站的病人後，只要身體有問題，你就可以打電話來預約家醫，而且完全免費。

其實這個程序很簡單，但很多人都不去處理，等到真正生病的時候，找不到醫生才抱怨英國醫療體制。雖然英國效率不高，但所能得到的資源並不少，就是慢了點而已。跟家醫登記的這道手續，是我每次住到不同區的頭號大事，千萬不要偷懶！

只要登記後，女生年紀在 25-64 歲之間的，會收到邀請信去做免費的子宮頸抹片檢查（SMEAR TEST）。要是你沒有收到信，可以請你的 GP 幫你處理。NHS 還有免費的胸部檢查，跟大腸癌檢查，不過這兩個項目是給年紀較大的人免費使用，但假如你有任何徵兆，由醫生幫你安排這些檢查也是免費的，不用擔心。

3

Q&A

離你最近的
醫護站怎麼找？

如果在英國住一定要習慣使用 NHS 的網站。在上面會有一個區塊叫做「HEALTH SERVICES NEAR YOU：GP」。你只要把你家的郵遞區碼打進去，就能找出離你最近的醫護站。這網站也可以用於找尋附近的牙醫跟醫院，十分有用。

網 | www.nhs.uk

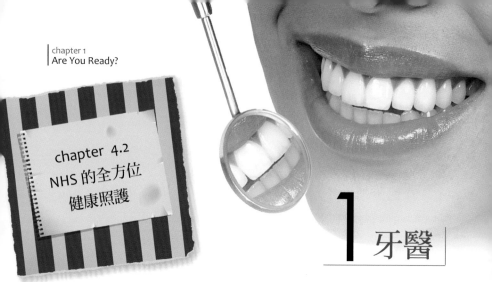

chapter 4.2
NHS 的全方位
健康照護

1 牙醫

英國的牙醫全都是自費，而且貴的沒天理。不過牙醫還有分兩種，其中一個是 NHS 牙醫（NHS DENTIST），有補助比較便宜，另一種就是完全自費（PRIVATE DENTIST）。NHS 牙醫裡的病患都暴多，所以預約時間也會比較長。怎麼找呢？還是上 NHS 網站上搜尋即可。

很多人說私人醫生技術比 NHS 好，可是我覺得不然。我之前一直給一個 NHS 醫師看牙，但後來他自己開診所就變成私人的了。牙醫這種東西，講究技術跟醫德，所以還是多問問看身邊朋友，是否有不錯的推薦醫生，並利用自己感覺判斷。最重要的是，自己好好保護牙齒，勤用牙線為上策。

價位比較 牙齒項目	私人價位 （不同牙醫收費有差異）	NHS 價位 （政府定統一價）
牙齒檢查	£43	£17
第一次檢查	£54	£17
補牙（大洞）	£101	£47
根管治療	£377	£204
麻醉拔牙	£142	£47
補牙（小洞）	£77	£47
洗牙	£45	£17

2 眼科

　　英國的驗光配鏡師（OPTICIAN）跟眼科（OPHTHALMIC）是分開的，所有英國眼鏡行，都有配鏡師幫你專業配鏡。因為有醫療責任的問題，如果你只是直接報度數，請眼鏡行幫你配是不可能的，更別說是要買隱形眼鏡了。在配鏡前，你一定要拿到英國配鏡師的處方籤，而要拿到處方籤勢必要先做眼睛檢查（EYE CHECK / SIGHT TEST）。

　　英國的配鏡師檢查的很全面，幾乎跟台灣眼睛專科檢查的差不多，配鏡師們如果有看到不正常就會做下紀錄，然後叫你去找家醫諮詢。家醫則是會在看到檢查報告後，幫你安排轉到大醫院眼科，做更進一步的檢查。

　　比較常見的眼鏡行連鎖店是 DAVID CLULOW、SPECSAVERS、VISION EXPRESS，還有在市區隨處可見的 BOOTS 也有驗光部門。在英國 19 歲以下的學生，或是 16 歲以下的小孩，在與 NHS 配合的眼鏡行裡，可以免費檢查眼睛，購買眼鏡也有補助。其他還有低收入戶的補助，你都可以在 NHS 網站上看自己是否符合資格。

273

　　普通眼睛檢查從 10-25 鎊不等，過程在 25 分鐘左右，檢查結束你就可以自己選鏡框或是隱形眼鏡了。眼睛檢查看似小事，但是其實眼睛是很脆弱的，千萬不要因為不痛不癢就忽略它，而且當你發現有問題時，往往都已經太遲了。

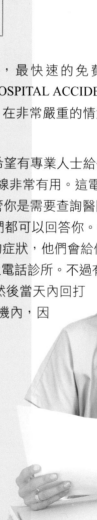

3 突發性疾病

　　如果是突發狀況或是嚴重意外，最快速的免費方法就是殺到英國 NHS 醫院的急診（HOSPITAL ACCIDENT AND EMERGENCY DEPARTMENT (A&E)，在非常嚴重的情況下，則應該打緊急電話號碼 999 叫救護車。

　　有時候醫生預約要等很久，當你希望有專業人士給你適時建議時，英國 NHS DIRECT 有支電話熱線非常有用。這電話是 24 小時的，線上有醫生跟護士值班，不管你是需要查詢醫院在哪裡，或是生病了不知道怎麼辦，他們都可以回答你。你也可以跟線上的醫生，討論現在生病的症狀，他們會給你一些意見跟緊急應變方法，就像是線上電話診所。不過有時候病人太多，他們會先留你的資料然後當天內回打給你。我建議大家把這隻電話存在手機內，因為你不知道什麼時候會需要它。

274

NHS DIRECT

電 | 020 0845 4647
網 | www.nhsdirect.nhs.uk/

　　如果是感冒感染、外傷、肚子痛、紅疹、燙傷、扭傷這類的話，建議去英國免費的「NHS WALK IN CENTER」。這種診所不用事先登記，也不一定在英國居住的人才能使用，只要在旅途中有身體上的問題，都可以直接去這種診所。其實有時候自己的GP 要等太久，我也會直接到這種診所去看診。下面是幾間在市中心容易到達的 NHS WALK IN CENTER 給你們做參考。其他的地點也可以在 NHS 網站上找到。

SOHO WALK IN CENTER

店 | 1 Frith Street，London，W1D 3HZ
電 | 020 7534 6500
時 | Mon - Fri 8:00-20:00，Sat / Sun 10:00-20:00
鐵 | TOTTENHAM COURT ROAD

VICTORIA WALK IN CENTER

店 | 63 Buckingham Gate，London，
　　 Greater London，SW1E 6AS
電 | 020 7340 1190
時 | Mon - Fri 7:00 - 19:00
鐵 | VICTORIA or ST JAMES'S PARK

chapter 4.3
英國也有中醫

中醫診所

　　英國的中醫越來越盛行，也越來越多外國人喜歡使用針灸跟中藥調養。現在在市區路上，就會看到好多中醫診所，尤其在中國城附近，我通常會選擇同仁堂這類大型中醫診所看病。

　　在英國人眼中，中醫好像專治疑難雜症，招牌上最常看到的是中醫減肥啦、背痛、脖子痛、濕疹……等，跟在台灣大家看中醫調理身體的概念比較不同。我有許多外國同事，因為身體部位疼痛去做針灸，療效都很好，像是之前由於天氣冷，朋友得了感冒病毒引起的半邊顏面神經麻痺，西醫吃藥幫助不大，但後來求助中醫針灸才慢慢恢復，我想外國世界，也開始漸漸接受跟瞭解中醫的博大精深了。

276

其實現在有一些英國大學裡面開了中醫的課程，有很多英國人在學習。記得有一次扭到腰，痛到沒辦法睡好，去找英國的運動復健師做復健。原本以為他大概會推推按按這類的，沒想到一個外國人居然要幫我針灸，那時我真是大傻眼，因為當一個白人拿出針說要替你針灸時，那種感覺真是說不出來的怪異，一心想著：「他真的會嗎？」不過我躺在診療台上，也不敢臨時說不，只好抱著死馬當活馬醫的心情，好歹他也是在醫院有執照的醫生，就任他宰割吧！結果出乎我意料之外的有效！

補充說明

英國中醫都是私人診所，所以費用也都是自費。現在許多連鎖中醫店都接二連三的開張，選擇也越來越多元。不過英國的法令對中醫比較不明確，所以有許多推廣協會機構正逐漸成形，希望建立一套規範，如果要成為它們的會員，就需要接受審核與約束，像是正式學位和經歷。

挑選中醫就診時，基本上是看它有沒有跟執照（LICENCE）和它們有無加入這些中醫協會，比較常見的是英國中醫藥協會 ATCM（Association of Traditional Chinese Medicine）、英國中醫藥聯合會醫師協會 FTCMP（Federation of Traditional Chinese Medical Practitioners）。在 ATCM 和 FTCMP 網站上都可以搜尋會員資料作為參考。

英國中醫藥協會網 | www.atcm.co.uk
英國中醫藥聯合會醫師協會網 | www.ftcmp.co.uk

chapter 4.4
小毛病不用看醫生

在英國可以買到成藥的地方還挺多的，例如藥局PHARMACY、BOOTS、SUPERDRUG、HOLLAND AND BARRETT。普通大超市也會備有部份常見藥品，像是止痛藥、感冒藥……等等。通常藥局跟 BOOTS 都有藥劑師，都可以向他們諮詢請教。

紫錐花發泡錠與花茶

1 感冒

普通的感冒還算好處理，我在英國這麼久，但是一點也沒有得到英國人不怕冷，冬天還可以穿短袖短褲的好體質。但久病成良醫，試過不少產品，發現有很多英國傳統藥草十分有效，而且因為都採植物提煉，感覺上對身體負擔較小。

我個人是紫錐花（ECHINACEA）的擁戴者，它在歐洲及美國廣泛使用於醫療，主要功能是增強你的免疫力，讓身體能對抗發炎跟感冒。當開始有感冒跡象，如頭暈就趕快吃紫錐花錠，然後好好休息，第二天通常都會安全過關。如果你已經有較嚴重的症狀，像是喉嚨痛、咳嗽這類的，紫錐花仍會幫助緩解不適，只是效用比較小。

紫錐花錠在 BOOTS 就可以買到，我通常會放在家裡備用。不過使用之前一定得看清楚服用説明，雖然是草藥成分但仍有一些禁忌，因個人狀況而異，千萬不要亂吞。

補充說明

　　其他感冒藥品牌種類很多，但裡面成份大同小異。比較常見的品牌如 LEMSIP、BEECHAMS……等，可以請教藥劑師，推薦最符合你病徵的成藥。

　　大家在台灣常見的伏冒熱飲也有多種選擇，常見的口味像是檸檬跟黑梅。咳嗽糖漿的話，BENYLIN 這個牌子的還蠻好用的，通常分溼咳有痰（CHESTY COUGHS）跟乾咳無痰（DRY COUGH）兩種不要選錯喔！

279

2 腸胃不適

　　腸胃的小毛病是很常見的，尤其英國食物多奶油、起司，這類食品比較容易讓食道末端瓣膜關閉無力，導致胃酸逆流而引起食道灼熱，也就是平常所說的火燒心（HEART BURN）的現象。在英國最常見的品牌是 GAVISCON 胃乳或是 ZANTAC 錠，這些都可幫助舒緩你的症狀。不過藥品是治標不治本，還是要從改善飲食，吃的清淡做起，當然也要放鬆心情、減輕壓力才是。

　　腹瀉也是很可能會碰到的。像我對印度咖哩就是這樣，不管到多高級的店都屢試不爽，吃完必吐，接下來就是腸胃炎。好幾次都是因為抱著不信邪的態度，但後來實在不想一直跟馬桶做好朋友，所以就再也不敢吃了。我想我應該是對某種香料過敏，但是印度菜香料種類繁多，我始終沒找出罪魁禍首。

補充 説明

　　不管怎樣，腹瀉應該要先禁食 6 個小時左右，讓腸胃休息。腹瀉最怕的是身體脱水，所以應該補充葡萄糖電解質溶液。在英國有這類的粉末，沖水即可飲用，它會幫助你補充流失掉的水分跟電解質，最常見的品牌是 DIORALYTE。 接下來就是靜養休息跟清淡飲食了。不過任何毛病都一樣，如果狀況未見好轉，還是趕快去找醫生幫忙吧！

3 小擦傷燙傷

　　平常煮飯燙傷、出外運動跌倒，這類的燙傷、擦傷該怎麼處理？家裡應該最少要備有一支抗菌藥膏（ANTISEPTIC CREAM），我最常用的牌子是 SAVLON。其實家中最好有個小型急救箱（FIRST AID BOX）以備不時之需。這種急救箱很方便，基本配備都有，BOOTS 就可以買到，價錢在 20 鎊以下。短期旅遊的話，也可以買一個簡易款隨身攜帶。

　　大概是我自我危機意識過高，我真的都會準備這些醫療用品，每次都是大家來向我求救。我記得在學校時，大家每次生病、受傷都會猛闖我的房間，搞得我好像小護士似的，讓我哭笑不得。

281

　　不過凡事不怕一萬只怕萬一，我記得有一次跟大家去郊外玩，我隨手在背包裡塞了一些簡便的急救包，有一位朋友竟然一腳踩進水溝，而急救包就派上用場啦！不過好像每次都是我備藥給別人用，真不知道是怎麼回事！

4 花粉症

花粉症（HAY FEVER）主要是因樹木花草的花粉，所引起的季節性過敏，症狀包括打噴嚏、流鼻水、鼻塞、眼鼻喉發癢、咳嗽、流淚或頭痛……等。早上起床時症狀較為明顯，有些患者甚至會一天之內發作好幾次。如果你對貓過敏，你就會知道那種討厭的感覺，像是有 10 隻貓黏在身邊，而你完全躲不掉。這在英國是很多人的困擾，我這個既有過敏又有氣喘的人，幸運的跟花粉症擦身而過，實在是不幸中的大幸。

我有幾位朋友在台灣都好好的，但是一到英國的春夏，眼淚、鼻涕直流，樣貌淒慘超級可憐，所以我常在他們身上試新產品。下面所說的都是他們覺得可以減輕花粉症狀的產品跟藥，如果你也為此所困，可以姑且一試。

補充說明

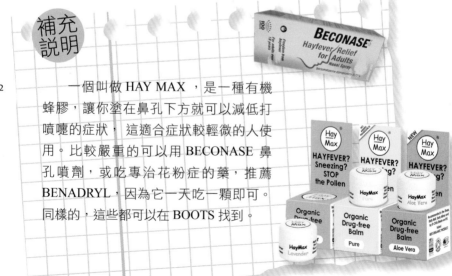

一個叫做 HAY MAX，是一種有機蜂膠，讓你塗在鼻孔下方就可以減低打噴嚏的症狀，這適合症狀較輕微的人使用。比較嚴重的可以用 BECONASE 鼻孔噴劑，或吃專治花粉症的藥，推薦 BENADRYL，因為它一天吃一顆即可。同樣的，這些都可以在 BOOTS 找到。

5 經痛和念珠球菌感染

　　我自己是經痛的最大受害者，從西醫看到中醫，檢查老半天都沒有找到解決方法或是病因。我不是開玩笑，從月見草油、針灸、益母草膏、喝四物、喝紅糖薑茶、玫瑰精油按摩、熱敷、瑜珈，我全都試過，但仍然每個月手軟腳軟生不如死。

　　經痛的同伴應該不少，假如你也是做盡檢查，但還是每次一定要吃止痛藥才能撐過的姊妹，我只好說我的止痛藥都是從台灣帶的，牌子叫做「醫妳痛」，對我來說是最有效的一款。不過每個人的問題不同，所以不見得對你也有用。而在英國的止痛藥的成份多半是 IBUPROFEN 或是 PARACETAMOL，市面上很多經痛專用的止痛藥，其實成份還是這兩種，只是劑量比較高。建議可以找你的家醫詢問一下，哪種藥物對你的副作用最小，家醫當然也會幫你先做檢查，排除掉一些可能病因，我想這才是比較可靠的　　　　　　　處理方法。

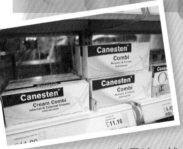

　　　　　　　　其他在我身邊女性朋友中，比較常見到的就是陰道念珠球菌感染（VAGINAL THRUSH）。念珠球菌是陰道中正常的菌種，它與其他的菌種共存在陰道中，但當它的數量過度生長時，就會引起發炎症狀。當然有症狀請先諮詢家醫，不過像我有經驗的朋友，就會直接到藥局或是 BOOTS 購買藥劑。它是不需要處方籤的，可以直接請教藥劑師。最常見的品牌是 CANESTEN，事實上如果你去看家醫，他也會指定這個品牌給你。

SUPERDRUG 跟台灣屈臣氏差不多，是很好逛的藥粧店喔！

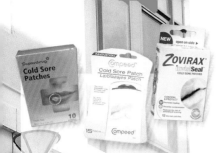

6 壓力大的單純皰疹

　　這種第一型的皰疹（COLD SORE）大家想必不陌生，其中最常見的為口唇部單純性皰疹，除了水泡外就是又痛、又癢、又難看。一旦受到感染，即使痊癒病毒也不會完全消失，它會潛伏體內，等下次身體抵抗力差時就伺機復發。這是種接觸傳染，所以不要跟你親密的人共用杯子、接吻以免擴大傳染。

　　在英國有個不錯的產品叫做皰疹貼（COLD SORE PATCH），它是一層透明薄膜可以貼在患部。有些含有藥膏，不過主要目的是避免帶菌物體碰觸的機會，也較為美觀，最常見的品牌是 COMPEED。 其他塗抹式的藥也不少，可以在晚上睡覺時使用，最常用的牌子是 ZOCIRAX COLD SORE CREAM。

7 皮膚乾燥或濕疹

　　英國冬天家裡暖氣大開，會讓全身皮膚都很乾燥，腰部跟小腿常常都容易乾到發痛。先教你一個小撇步，當開暖氣時，放一碗水在機器旁邊，或是可以到 ARGOS 買個噴霧器（HUMIDIFIER），用以增加空氣中的溼度，讓你比較舒緩。

　　我要介紹一個非常好用的，英國醫療乳液品牌 E45。它是一個沒有香精添加物的乳液，非常溫和，質地厚但不黏膩。如果你的皮膚又乾又痛，真的要靠它來救你。其實我常買這個牌子的乳液作為基底，然後再自己混合精油來使用。價位平易近人，算是溫和的保溼聖品，洗完澡後塗一層厚厚的在身上，絕對可以抵抗英國的極度乾燥。它還有一個系列是針對溼疹（ECZEMA）患者，如果有需要也可以試試看。

chapter

5

工作住宿大小事

chapter 5.1
短期旅遊住宿

　　不管在倫敦旅行還是在其他國家旅行，選擇住宿，一定要考慮到位置跟安全性，這樣可以省掉許多時間。建議選擇在地鐵附近的旅館，不要為了便宜挑在遙遠的地方，下了地鐵還要轉公車，想想若選擇這種住宿，在外面玩了一整天，晚上回家時，還要提著大包小包舟車勞頓，會非常令人煩惱。我提供一些訂房的網站給大家參考。有好幾個網站是全世界通用，所以不只倫敦，你如果要去其他國家的話，都可以順便一起訂行程。

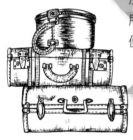

住宿網 1

網 | www.expedia.com

EXPEDIA

　　這個線上旅遊公司，一直是我自助旅行的小幫手。如果你參加它的會員，它會紀錄你的整個行程路線，如果你要一次玩好幾個國家，真的十分方便。你可以在這個網站上買機票、訂旅館，連租車也一次搞定。我常用這個網站訂機票和租車，目前為止都十分好用，沒出過什麼問題。

2
網 | www.tripadvisor.co.uk
TRIPADVISOR

這個網站是我到陌生地方時，訂房的最佳參考。它提供客觀的住宿評價，尤其是去過的旅客，會在上面評論跟提供照片，比較能知道真實情況。記得有一次我正準備要訂一間法國有名的小旅館，特別上這網站看了一下評論，結果看到上週去的旅客，發現那家旅館在鬧床蝨的問題，嚇得我趕緊退房逃過一劫。

網友還會推薦景點，跟必須注意的地方，這對一個要去探索新地方的旅客十分有用。在這裡你可以找到市區十幾鎊一晚的住宿，也可以順便看一下去過的人覺得安不安全。如果住宿品質很差，去過的人，都會在下面評論提出警告，是很好的參考。我自己就算不是在這網站訂旅館，也都會到這裡來查一下旅館的評論。

3
網 | www.venere.com
VENERE

這個網站設計清楚明白，它跟 TRIPADVISOR 類似，也是有大家的評論可以作為參考。它的地圖十分有用，我常利用它的地圖，去篩選地理位置好的住宿，太遙遠的就會淘汰。在網站上預定房間，千萬要看它的附加條件，像是有些很便宜特價房，就算尚未入住，想退房也要全額付費，除非你很確定行程，不然我比較不建議訂這種房間。總之，服務與條款那項，一定要睜大眼睛看清楚。

這個英國網站的廣告常在路上見到，是個好用的網站。它提供很多旅遊套裝，不管你在倫敦，還是要去其他國家渡假，在這個網站，常可找到有折扣的優惠套裝行程。

4 網 | www.lastminute.com
LASTMINUTE

單純住宿的話它也常有折扣，而且它也連結 TRIPADVISOR，讓你參考大家的評論，還有全部旅館在地圖上的標示。這個網站還有其他娛樂項目，如歌劇、音樂劇、球賽、運動、SPA、下午茶這類的活動，也常有打折優惠訊息。我常上這裡逛逛，看有沒有好玩的活動可以跟朋友一起參加。

5 網 | www.booking.com/
BOOKING.COM

基本上它跟 VENERE 算是相近的網站，都可以不用繳手續費訂房間。操作簡單，更棒的是它有簡體中文介面，對母語非英文的人來説真的方便許多！訂好房後，別忘了把寄到你電子信箱的確認信印出來帶著，這樣比較安心。有時候我自己還會很雞婆的打到旅館再次確認。

大學宿舍

英國倫敦多所大學宿舍，都有提供旅客住宿，價錢實惠而且安全，因為每個學校有許多宿舍點，有些在市中心的校區，比住旅館還方便。唯一的限制是，學校並不是全年出租，大部份在暑期的時候才有機會，因學生放假回家退房所以才有空位。倫敦的大學宿舍比較方便訂房的有，倫敦大學亞非學院（SOAS）、倫敦政治經濟學院（LSE）跟帝國大學（Imperial College）。

1

網 | www.summerbreaks.org

倫敦大學亞非學院 SOAS
| School of Oriental & African Studies |

每人每晚的價位大概在 38 鎊左右，有四個校區在倫敦內。其中兩個靠近 KINGS CROSS，另一個靠近 SOUTHWARK / WATERLOO。通常在 7、8 月會出租給旅客，租的時間越長越便宜。直接寫 EMAIL 跟他們訂房即可。

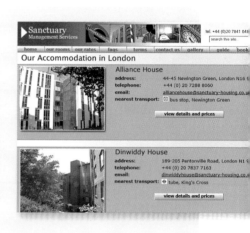

2

網 | www.lsevacations.co.uk

倫敦政治經濟學院 LSE
| London School of Economics |

291

它的宿舍分三段時間開放，聖誕節 12 月到 1 月、春假 3 月到 4 月、暑假 7 月到 9 月。價位大概在 40 鎊左右，線上就可以訂房，不須寫信給學校。它們的住宿地點，都很接近市中心還蠻方便的。

3

帝國大學
| Imperial College |

它的宿舍只有在暑期 7 月到 9 月開放預定。你可以選擇短期住宿或是長期住宿（兩週以上）。它的宿舍有些就在地鐵旁，對於旅客來說十分方便，價位以倫敦市區來説算是很便宜。

另外，其實帝國大學還提供代訂旅館的服務，它所提供的旅館都是 3 星以上，而且價位打過折扣。如果你想找在 SOUTH KENSINGTON 的旅館的話，可以在它們網站上看看。

學生宿舍
網 | www3.imperial.ac.uk/summeraccommodation
HOTEL 住宿
網 | www3.imperial.ac.uk/conferenceandevents/
accommodation/hotelaccommodation

打工經驗談

其實在英國上課時，除了兼職自己做設計案子以外，我也曾做過很多好玩的零工，像是英國調查問卷公司的電話市場調查。公司事前會先給你一天的培訓，然後用公司的電話，打回台灣、大陸地區替他們做問卷。這類的打工由於時差關係日夜顛倒，但是如果你速度快、口才好，可以在短時間內賺到一小筆零用錢。我記得那時候一份問卷是 20 多鎊，以件計酬，電話號碼跟客戶都是他們指定的，一邊講電話一邊要打字紀錄，而且重點是，要讓一個陌生人口頭填一份 15 分鐘的問卷，就已經不是件容易的事。

我對這份打工印象很深刻，雖然後來喉嚨啞了，但是好像在兩三天內賺進幾百鎊的樣子。其實倫敦很多問卷公司，都有這種中文人才需求，如果想賺點零用錢可以找找。

用報紙找工作也是個好方法，英國不同區域會有不同的區報，這些報紙有可能直接寄到你家，或是在地鐵站可以拿到。倫敦地鐵站免費的報紙 METRO 某幾天刊登職缺，而普通商店可以買到的求職報（LOOT）也是個參考。

打工

網 | www.netbirds.com
網 | bbs.powerapple.com/forum.php

對於打工來說咖啡店、服裝店或是大間的公司，都會在網上貼出職缺，所以直接去你想打工的店面櫃台詢問，或是網頁上會有工作區塊（JOB VACANCY）列出有空缺的職位。這類大公司通常都會以線上填寫報名表，如果它們覺得你合適，才會通知面試，其實只要不要太挑剔打工的地方，打零工在英國是很好找的，像餐飲類，就可以在以上兩個網站找到。由於英國的小費文化，在中國餐廳晚上做服務生，一個晚上大概有 50 鎊左右，周末在服飾店打工，一天大概可以賺 70 鎊。

小分享
×
打工

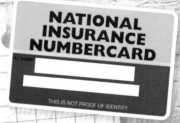

英國海外留學生不需申請工作許可証，但須申請國家保險號碼（National Insurance Number）。在學學生打工有一定時間限制，上課期間一周 20 小時，假日跟寒暑假不限制時數。現在英國勞工部設定的最低時薪為 5.50 鎊，如果你的顧主支付比這個還低的薪水，請自己小心。

正職

英國的正職為什麼難找？

　　我覺得英國的人力資源公司是最大的關卡。由於大部份的公司都會把尋才這個部分，外包給人力資源公司去挑選，人力公司怎麼賺錢呢？基本上人力公司挑選的人，如果通過委託公司的面試，人力公司就會跟委託公司抽佣金。

　　所以在網路上有名的工作求職網，百分之 80 以上都會轉給人力資源公司，而不是徵才的公司本身。所以就算你很優秀，但是經驗偏少，或是之前工作比較不相關，你辛苦寫的履歷跟自我推薦，在三秒內就會被自動淘汰。雖然很不公平，但這就是大家被篩選的方法。

小分享
×
正職

　　常見的求職網有 MONSTER、REED、CITY JOBS、CAREERJET，還有政府的 JOB CENTER。我整理了 30 幾個找工作的網站，放在我的部落格上，讓大家自己連結，省得各位打網址打到手斷掉。另外如果有好用的英國網站跟連結，我也會在部落格為大家補充。

Dawn 的部落格：dawnt.pixnet.net/blog

所以應該怎麼做？

我建議要看清楚不同工作需求，然後重新調整你自己的履歷（CURRICULUM VITAE）跟自我推薦信（COVERING LETTER），千萬不要每個工作都用同一份。這樣會降低你的資料，被人力資源公司丟掉的可能性。有時候仲介公司覺得你的資料有價值，會特別留你在資料庫中，等到有其它合適工作時便會通知你。

其實我在找工作時，雖然也會上網努力的投履歷，但是我發現直接鎖定你喜歡的公司，推薦自己機會大很多。或是找出職缺真正的徵才公司是誰，再自我推薦也可以嘗試。我曾寫過信給英國老品牌百貨 LIBERTY，雖然當時沒有職缺，但是它卻問我想不想來實習，這個機會其實是千載難逢的。不過那時候我以待遇高低來做為選擇的條件，所以拒絕了 LIBERTY 的實習。現在想想我當初應該先去實習，然後找機會轉正職才對。

求職經驗談

基本上我去過的公司，幾乎沒有一間是透過人力資源公司，都是直接跟公司聯絡而得到面試。通常只要有面試，就已經成功一半，剩下的就看你能否展現出自己的專業魅力了。

說到過往的求職心酸，我不得不承認不同行業的就業機率，真的差很多。像我身邊在銀行業的朋友，可能還在為公司實習時，就確定下他們會給你一份工作還有基本薪水，而且幫你辦簽證辦得爽快。

反觀藝術服裝界的同學，大家都在比可憐的，為了跟設計師品牌實習，不但大部分沒車馬費，而且常常被吃乾抹淨，連你辦簽證時也是拖拖拉拉，還要自己付錢。有些大品牌甚至連延簽都不願意替你辦，就是吃定你做白工。這都是我的過去經驗，提供給你們做為參考。

chapter 5.3
長、短期租屋
與買房子

短期
租屋

其實在倫敦，如果你是跟兩個以上的朋友一起旅遊，可以考慮短期租屋，租屋通常最短是一個禮拜，如果人多的話不但划算，還可以享受自己的廚房，以及到超市買菜煮飯的滋味。其實我跑了這麼多國家，有時候在旅館總會想喝點熱湯，而且不管你如何省錢，每餐都在外面吃，錢真的花很兇，「小朋友」消失的速度，會快到你難以想像，英國的物價可不比台灣阿！

英國超市這麼方便，很多新鮮蔬菜、沙拉，甚至有可以直接燒烤的主食，有個廚房，真的是既省錢又方便的選擇。其實就算只有兩人要待一周，租屋子自己煮飯，還是比住旅館外食便宜，整體來說，省錢而且活動空間也大，有些房子還有小花園之類的，享受一下道地的英國人生活才是王道。

1

網 | www.easylondonaccommodation.com

EASY LONDON

網站上有 HOLIDAY AND SHORT LETS 的選項。上面是不同倫敦區段，總共有 1-6 區。倫敦區域的 1 區是最靠近市中心的地方，數字越大越往倫敦外圍，房租也越便宜。

2 網 | www.central-london-apartments.com
CENTRAL LONDON APARTMENT

　　這個網站上的房子不一定要租一周，一晚也可以，不同的房子有不同的規定。它有點類似飯店式的的日租房，它出租管理的房子基本上都還算不錯，如果你想體驗一下住，在英國房子的感覺，是個不錯的嘗試。

3 網 | www.euroflat-apartments.com
歐洲公寓出租網

　　這個網站不限定只有倫敦，整個歐洲都涵蓋在裡面，可以去看看有沒有合適的短期出租。

長期租房

在英國住了這麼久，我一直都在搬來搬去，這大概是無論我去哪裡，都睡得很好的原因。從國中開始，每個學期學校都要求大家必須玩大風吹，一段時間就會交換房間，以免有些人一直住在比較好的房間。除此之外，每次學校放假都要把東西打包，鎖在學校儲藏室，防止假日東西被偷。

在國、高中的日子裡，光是要把我全部家當塞進箱子打包好，再拿出來的機會，一年就超過 4 次。上大學時，每年幾乎都因租約到期而換房子，直到開始工作買了房子，也還換過一次。這些恐怖的打包遷移行為，讓我練就了有效率的打包清空一個房間。

Tip 1
如果你只是來住個兩三年 千萬不要累積不需要的東西

以前我租房子的時候，全部家當都可以維持在 3 個大行李箱，加上兩三個紙箱。後來有了自己房子後變得開始放縱，結果搬家時，竟讓我這個打包專家，足足花了大半天，恐怖程度大增。

Tip 2
評估區域、治安跟環境

外國學生在英國租房子，一定要評估一下區域、治安跟環境。最好避免像是 OVAL 或是 SEVEN SISTERS 這種常常發生搶案的區域。房子在租下之前，最好晚上去走過一遍，看能不能安心的回家。私人出租也有很多，許多人會租大房子，然後自己再當二房東分租出去，這種要看你幸不幸運，可以找到個負責任的房東，如果要租這類的房子，自己要看清楚租約條件比較好。

詢問仲介的基本項目

1 RENT ｜月租｜

這是大家一定會先看到的，我就不多說了。

2 COUNCIL TAX ｜政府稅｜

如果你是全職學生的話，只要把你的學校註冊信寄給 COUNCIL（政府）就可以不用繳。就算不是全職學生也有打折，但是如果你在上班的話，你就逃不掉要繳稅的命運。不過有時候你可以跟屋主談，由他們來繳這筆費用。

3 ELECTRICITY/GAS ｜電跟瓦斯｜

這個部份通常不包含，是由自己負責的，也就是你搬進房子後，要自己打電話給瓦斯跟電力公司，登記和辦遷入開始使用。雖然麻煩一些，但是有一個好處，就是帳單會寄到你家，你會有地址證明。

在英國一天到晚都需要地址證明，像是家醫登記、圖書證，而電費跟瓦斯的帳單，通常都會被接受。有些屋主提供包含電跟瓦斯的價錢，不過這通常是只出租一個房間的情況比較多。

4 WATER BILL ｜水費｜

這個通常也是自己負責繳，但是由於這個部份有時候跟屋主的管理費連在一起，所以有可能免費，因每個房子而有所不同，需要詢問。

5 HOLDING DEPOSIT ｜押金｜

租房子時，房東都會要求你繳一個月的押金，在你退租跟屋主檢查完後退回，如果退租時房子有損傷，就會從裡面扣。

6 REPAIR | 維修 |

　　家裡用品像是洗衣機壞了，誰來維修跟付費？這個很重要，因為一定會碰到。通常屋主會幫你找人來修，費用也不需要你出。但有些時候屋主會委託仲介全權負責。無論如何，你要確切的知道，有問題時到底要跟誰連絡。

PROFESSIONAL CLEANING FEE
/ 專業清潔費 /

　　你住進去之前，你可以要求屋主請人來專業清潔。退租房子的時候，合約裡也會要求你請專業公司來清潔。有些仲介會要求你把收據給它，不然會從你的押金裡扣除這項費用，很壞吧……。

INCOME PROVEMENT/ GUARANTOR
/ 保證人 /

　　如果你是學生當然不可能有收入證明，所以在英國租房子只有幾條路可以走。英國保證人擔保你，通常這個不好找，因為，如果你剛來，哪會有外國人願意替你做保人呢。這個時候，就要跟仲介討稐，是否可以請父母親出保證書說會替你付房租，仲介通常會要求父母的存款證明這類的，不過總比需要找英國保證人簡單。

　　如果這種方式，仲介不願意接受的話，只好考慮以每六個月續約一次先繳半年。預付的方式大部份房東會接受，但是我要提醒大家，最好找有很多連鎖的知名仲介比較安心。還有，千萬要留收據，白底黑字才有法律效益。

FURNISHED / UNFURNISHED
/ 傢具 /

有些房子租的是空房間，有些是有含傢具的。通常學生要租的最好有傢具，自己買傢具以後不好處理。

圖片來源/wilsonandcoproperties.com/

常見的租屋網

RIGHT MOVE
網 | www.rightmove.co.uk
FIND A PROPERTY
網 | www.findaproperty.com

英國比較常見的租屋網是 RIGHT MOVE 跟 FIND A PROPERTY 這兩個網站。從上面可以清楚搜尋你想要住的區號，或是靠近地鐵站附近的房子。這上面的房子通常都是由仲介代屋主，幾乎沒有看過私人在上面張貼。你看到喜歡的房子，就打電話給上面的仲介，約時間看房子即可。我通常會先鎖定我想要住在哪一區，譬如説 CANADA WATER 地鐵站附近的房子，因為生活機能好又安全。

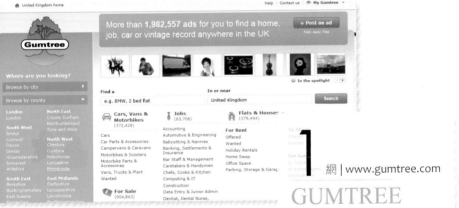

網 | www.gumtree.com

GUMTREE

301

私人的租屋在 GUMTREE 網站上比較多。這個網站我一直提到，其實它有點像台灣的奇集集，上面的東西很多，不管是賣東西，找工作，還是要找語言交換學習（英國人想學中文，你想學英文，互相教對方），真的是一大堆資源可以利用。但是大家還是自己小心，不要受騙啦。

2 網 | www.hellouk.org
HELLO UK

這個網站上常有要回國的同學，在出清自己的東西，上面還有很多住宿或留學資訊。蠻多學生在寒暑假回台灣時，會把房間租出去給短期旅遊的人，可以在討論區找找看有沒有合適的。

302

3 網 | bbs.powerapple.com/forum.php
POWER APPLE

這個網站很神奇，它可算是大陸人的HELLO UK，裡面有很多五花八門的資訊，租房子、賣車、打工、最新的日韓服飾、台灣美妝代購、寵物買賣……等。我的大陸同學說，很多大陸人都在這個網站上做生意，居然把學費都給賺到手了。

home   browse groups   faq   about freecycle™   donate   store   sponsors   log in/sign up

Search results

- Reading UK (South East, United Kingdom)
- Chiltern District (South East, United Kingdom)
- Bury (North West, United Kingdom)
- Wedmore (South West, United Kingdom)
- Camden South (London, United Kingdom)
- Rotherham (Yorkshire and the Humber, United Kingdom)
- Lancing (South East, United Kingdom)
- Rugby (West Midlands, United Kingdom)
- North Lakes (North West, United Kingdom)
- Leeds (Yorkshire and the Humber, United Kingdom)

Showing 1 to 10 of 555 results

1 2 3 4 5 6 →

4

網 | uk.freecycle.org

FREECYCLE

　在英國有個特別的網站叫做 FREE CYCLE。在這個網站上，你可以參加離你家最近的社群，當你有不要的東西時，就放上來免費送人，相對的如果你有需要什麼東西，也可以在上面發文。上面的東西都是免費的，單純以不要浪費為出發點。我之前常看到濾水器、健身器材、餐具、吹風機這類的東西，在網站上等著找家。如果你是個窮學生，又不介意二手貨的話，這裡是個不錯選擇。

　家裡如果有小孩的話，這個網站更是實用，我同事之前拿到免費的娃娃車、兒童玩具、甚至尿布。由於小孩子長得很快，在家裡堆積的玩具大家都會放上來，可以繼續延續這些東西的生命還蠻不錯的。

303

買房子

基本上，在英國買房子的同學大概比較少。但是我還是分享一下經驗給大家參考。

在倫敦買房子最重要的是交通便利，現在有很多新的地鐵線正在增加，可以上英國政府網站，看看未來的捷運線會經過的地點作為投資指標。由於倫敦現在很多新房子，都建在一些原本的貧民區，算是都市更新計畫。如果整區都在更新可以考慮，但是如果原本區域的居民素質較差，像是有很多國宅，或是恐怖青少年晚上遊蕩鬧事的地區，要特別小心挑選。

打個比方像是 BERMONDSEY 地鐵站，很靠近市區，政府正在做都市更新計畫，新的大樓建的也不錯，但是它附近的環境不是很好，非常多的國宅，晚上在地鐵站附近，有很多像小混混的年輕人遊蕩。我之前原本看中它的交通跟政府的更新計畫，但是觀察了幾個月，發現晚上回家時會不放心，說我是膽小鬼也無所謂，但是自己在國外真的不能有個萬一。

在倫敦的新建公寓，很多被政府要求分出來作為國民住宅 (SOCIAL HOUSING)。在選房子時應該要提問，因為這代表你的鄰居，可能是靠政府補助的人，這些人可能是沒工作、低收入戶，或是各種特殊情形。它們未必是壞人，只是代表住戶會比較雜，如果你不希望住的地方龍蛇雜處，最好事先問清楚。有些新建公寓知道這會令買家反感，它們通常會有一個區塊，把國宅跟一般住家巧妙的隔開。

圖片來源／www.guardian.co.uk、www.123rf.com

購屋基本程序

英國房子買賣其實算是蠻安全的。買賣方通常不會見到面，完全是由房屋仲介跟律師在處理。通常你看中了房子後，先跟你的仲介提出願意出的價格（MAKE AN OFFER），兩方來回確認價錢後，仲介就不會再帶其他人去看房子。接下來，就會由你的律師跟賣家的律師連絡，開始後續房子的法律程序。原則上律師會幫你調閱所有土地及房子有關的細節做檢查，如果一切正常的話，兩方就會透過律師擬定交屋日期。

在英國交屋的款項一定是匯給律師，由律師交易操作。接下來另外一方收到款項後，房屋仲介就會把鑰匙給你完成交屋。後續土地或是房子名字登記正式文件，因為是交由公家機關處理，所以會比較慢才收到，你的律師應該會跟你講解。

這些大致上是買屋子的程序，賣房子也是一樣的只是要付仲介費，當然你也可以不經由仲介，但是通常這樣要賣很久，而且也比較不安全。

小分享
×
買房子

在英國買房子要繳印花稅（STAMP DUTY），買的房子在 25 萬鎊下要交 1%，50 萬鎊下是 3%以次類推，可以在倫敦政府網站查看。第一次的買家有些優惠，像是在 25 萬鎊以下，可以免稅。另外，律師費也是一筆不小的金額，千萬別忘記算進預算裡。

你調閱所有土地及房子有關的細節做檢查，如果一切正常的話，兩方就會透過律師擬定交屋日期。

chapter 5.4
銀行、手機
與退稅

1 申請銀行帳戶

在英國申請銀行帳戶，對外國學生來說並不是一件很簡單的事。每間銀行每年都在出不同類型的帳戶，要求的東西也都不太相同。最基本要準備的是你的護照、在學證明（SCHOOL LETTER），及地址證明（ADDRESS PROVEMENT）。許多銀行對於短期停留的國際學生，有不同種類的帳戶，因為停留的時間短，大部分銀行會收保管費，如果有其他類型的帳戶可以選擇，我建議別選需要保管費的比較好。

2 哪些銀行可申辦？

NATWEST 是最容易開戶的銀行。它提供國際學生帳戶免保管費條件，證明上只需要你的護照、地址證明跟在學證明，證明你的課程至少是六個月。大部份剛到英國留學的學生，聽說都選擇在這裡辦理銀行帳戶，因為比較容易成功，準備資料也比較簡單。但是它的服務態度，實在是令人抓狂。

另外一家大間的銀行是 BARCLAYS，它雖提供免保管費服務，但是要準備的文件也比較麻煩，還有帳戶最低金額要求。這些要求常常在更動，最好在官網好好研究一下，每間銀行都有它的利弊，我可能現在幫你們蒐集的資訊，明年甚至下個月就會不同。多去瞭解每個銀行不同的產品，衡量

最適合自己的帳戶，這個大家千萬不能偷懶。

在眾多銀行中，匯豐（HSBC）銀行的據點多，處理事情有效率，網上匯款轉帳，可以自己輕鬆搞定，電話客服在你有問題時，都能替你迅速解決，基於以上種種理由，我最喜歡它。如果你的父母，在台灣是匯豐高級客戶（PREMIER），可以在台灣請父母幫你加開一張，專屬你姓名的英鎊卡，到英國可以在提款機提領英鎊使用，但這不是信用卡，它只能用來提領現金。

3 VISA 金融卡 × CASH CARD 現金卡

在這裡要提醒大家，不管你辦哪間銀行最好都申請 VISA 金融卡（VISA DEBIT CARD）而不是現金卡（CASH CARD），因為現金卡只能在提款機跟銀行領現金，而不能刷卡。在英國基本上連麥當勞都刷卡，大家都習慣用電子錢包消費，現金都不用帶了。這種功能統稱為 CHIP AND PIN，也就是說你刷完卡後，不是用簽名的方式，而是在刷卡機上輸入你自己設的密碼。在線上買東西的話，一定要這種卡片才行。想想你沒辦法在線上買菜、買機票、買家庭用品，加上英國幾乎沒有貨到付款這種服務，沒有 VISA 金融卡，會非常的不方便。而且英國很多大超市都有 CASH BACK 的功能，如果你需要現金的話，收銀員會用刷卡方式替你領錢。

我被這種功能寵壞很久了，在英國我的皮包是個名片夾，裡面只有一張卡跟悠遊卡，現金這個東西很少在我皮包出現。但是在台灣大部分還是現金交易，所以剛回到台灣時，我不是忘了帶錢包，就是找了一堆零錢重的要命。所以各位請享受這個，在英國最大的便利之處吧！

手機

　　即使你是在英國短期旅遊，我還是建議買一張預付門號卡（PAY AS YOU GO SIM CARD），比台灣手機漫遊便宜許多。五鎊就可以有門號，只要把卡放入你自己手機就可以撥接。這樣不只打英國電話查詢方便，或是朋友間走失也可以連絡到。這在許多小商店或手機行就可以購買，剛到英國既沒銀行卡，也沒地址證明，可以買這種預付卡來暫時使用，但真的只建議短期或電話打得很少的人使用，因為它的通話費可是不便宜呢！

　　如果要停留久一點的話，可以看看各大手機公司像是 O2、VODAFONE、ORANGE、VIRGIN 這些公司，都會有許多手機 O 元，月租綁約多少個月的方案。如果你已經有手機只想要門號（SIM CARD ONLY），有很多一個月十幾鎊，免費打 500-600 分鐘，或是有附送無限制簡訊的方案。我建議申辦手機時要直接找電信公司，不要找通信代辦，像是 CARPHONE WAREHOUSE 或是 PHONES4U，這些公司的方案也許比較便宜，但是假如日後你電話有問題，兩邊公司會把你推來推去，這是我的親身體驗……。

唐人街裡賣電話卡的店面

電話卡

在英國要打電話回台灣，年輕人應該都是用 SKYPE，如果你家人朋友也會用 SKYPE 那就免費啦！萬一沒有電腦的話，你也可以像在台灣的外籍員工一樣，買張便宜的國際電話卡，在唐人街一張 20 鎊的電話卡，通常 10 鎊左右可以買到。這種電話卡打回台灣，大概每分鐘幾 Pence 而已。每家電話卡都差不多，比較常見的是 SWIFT CALL，不過還有許多不同的電話卡，你可以直接問店家哪種打台灣比較便宜。不過要注意有些奸詐的電話卡，使用期限只有 3 個月，這種電話卡雖然便宜，但是如果沒講完卡裡的金額，就太浪費了，所以要注意一下電話卡上的小字。

退稅

　　退稅這個東西，真的沒有簡單的方法，所以還是認份點吧！想要退稅的商品，必須在退稅前三個月內購買，如果你在歐洲到處玩，要在英國退稅的話，需要是行程中最後一個出境的國家。

1

購物時要跟店家索取退稅單，通常店家會需要看你的護照，以確定你不是英國人。所有退稅單資料一定要好好填寫，商品收據要好好保存，最好把資料都釘在一起。

2

如果在百貨公司購物，最好把所有的商品，集中填在一張單子上，由於每張退稅單都會收小小的手續費，這樣可以省一點。

3

在退稅的時候，海關會要看你的商品，及完整的退稅單跟收據，所以你要在行李托運前，就先去退稅櫃台。不然東西都在行李箱裡，是沒辦法退稅的喔！

5

請提早到退稅窗口，否則你會排隊排到天荒地老……。假如你的購物金額不高，而且退稅單很分散，扣除手續費後，實際可退的金額也不高，其實也不必浪費這個時間。當然，你想慢慢排隊的話我也沒意見啦！

4

退稅方式常用的有兩種，現金退稅最快，但是要多加手續費；信用卡要多等好幾個月。所以請自己選擇。

作者後記 /

　　2011 年為了與家人多相處，我決定回來台灣定居。在英國渡過的時光，超過我的大半輩子，若未留下一些生命紀錄的軌跡，實在覺得很可惜，所以決定為這多年，美好的英國生活做個總結。與其說這是一本旅遊書，倒不如說這是我，在地 15 年遊子的追憶之旅。從出國後到現在，一路上總是羨慕友人有確切的人生目標，甚至知道他們自己的使命，我的好朋友 13 歲就想當醫生幫助病人，到現在已經是婦產科醫師。

　　任性的我，一直選擇自己有興趣的東西嘗試。人生路程上，經歷過許許多多的行業，從訂製服設計、生產管理、品牌管理、書籍、行銷，甚至去考 CFA。雖然在每個公司都做的很不錯，但我還是常問自己，這是我生下來的使命嗎？多年來，我還是不斷的在嘗試，尋找我的存在意義。

　　在寫這本書的過程中，不斷回顧過往，因而更加瞭解自己，發現或許是我太鑽牛角尖，套句電影 HUGO 裡面小男孩說的話：「一臺機器裡沒有一個零件是沒有用的，假如世界是一台精細運轉的大機器，我身為零件，一定有它的用處。」與大家共勉之。也許你現在在英國，也是為了完成你在生命中的使命做準備，又或許在倫敦的時光，會帶你走上一條你沒想過的旅程，而讓你的人生圓滿，命運總是在預知外敲門。不論如何，祝我親愛的讀者們，在與倫敦這個特別的孩子相處下，伴你走過難忘的生命旅程，

為你的生命中增添色彩。

　　這麼多年來的回顧讓我發現，再不快樂的事，都可以在時間裡慢慢淡忘，痛苦過的事，讓你成長。現在我只有對快樂的事印象最深刻，回想起來所有東西都是美好的。我想感謝我的爸爸，他送給我獨立堅強，讓我在困境中，能夠冷靜思考與面對。感謝我媽媽，她教會我擁有憐憫之心，以身作則讓我瞭解，施比受有福。謝謝我身邊的幾位好友，忍受我多年，不離不棄。

　　最後給我最親愛的小豬棣和笑嘻嘻這兩位大功臣，感謝你們任勞任怨被我壓榨，謝謝我的編輯 Chris 和 Chilli 爆肝相助。最後，也要特別謝謝我身邊的貴人蕭社長，給剛回到台灣的我許多幫助跟指導，讓我感到無比的幸運。由衷的感謝！

私藏倫敦
真實體驗在地漫遊

作　　者 Dawn Tsai
封面設計 Dawn Tsai · 羅芝菱
執行編輯 詹雁婷
排版設計 Dawn Tsai · 羅芝菱
行銷策劃 詹雁婷

發 行 人 黃輝煌
社　　長 蕭艷秋
財務顧問 蕭聰傑
出 版 者 博思智庫股份有限公司
地　　址 104 台北市中山區松江路 206 號 14 樓之 4
電　　話 (02)25623277
傳　　真 (02)25632892

總 代 理 聯合發行股份有限公司
電　　話 (02)29178022
傳　　真 (02)29156275

印　　製 禹利電子分色有限公司
定　　價 350 元
第一版第一刷 中華民國 101 年 4 月

ISBN：978-986-87284-6-2
©2012 Broad Think Tank Print in Taiwan

友情贊助

男裝：

Ionism Design / www.theionism.com / 02 23311255 /
Store: Upstairs 台北市昆明街 96 巷 19 號 2 樓
Wisdom / www.wisdom2009.com / 02 27525611 /
Store: White Rock 台北市忠孝東路四段 216 巷 8 弄 16 號 1 樓
Nexhype / www.nexhype.com / 02 23755866 /
Store: N.S.S 台北市昆明街 96 巷 7 號 2 樓
Slightly Numb / www.slightlynumb.com / 02 23141027 /
Store: N.S.S 台北市昆明街 96 巷 7 號 2 樓
Groovy Store / 02 87730735 / 台北市敦化南路一段 161 巷 62 號 1 樓
Costumice / 02 27719251 / 台北市敦化南路一段 161 巷 63 號 1 樓

柯泰至 ：部份書內照片提供 Page 20、36、106、131、133、134、304
Contact: hikot1101@yahoo.com.tw

世界最大的藝術及設計教育機構，結合六所世界最著名、歷史最悠久的藝術設計學院

Camberwell College of Arts   Central Saint Martins College of Arts and Design
Chelsea College of Art and Design   London College of Communication
London College of Fashion   Wimbledon College of Art

Decor Art Center

典古雅居國際創藝

Decoupage Art

HOME DECOR
ART DESIGN

歐洲經典藝術美學
ACCADEMIA DI DECORAZIONE ITALIANA
義大利裝飾藝術學院

DECOUPAGE ART
國際專業師資培訓研習★
生活創藝設計研習系列★熱烈招生中

HOME DECOR · ART DESIGN
歐洲經典裝飾藝術空間設計
義大利古典家具 · 藝術壁畫

DECOR ART CENTER 典古雅居國際創藝中心
諮詢專線TEL: 02- 8773-4586 · 0910-931-608
典藏歐洲經典藝術 · 創造居家生活美學 · 品味裝飾設計樂趣

凡攜帶本書·報名參加本中心研習課程,方能享有學費9折優惠!
備註: 本優惠活動使用期限至101/12/30止·逾其無效

魅力 **歐洲** 浪漫邀遊

 IGRP11152

夏戀【捷克】
五星布拉格音樂會10日

加1元, 送六大好禮

✈ **59,999**
(含稅起)

 IGRP11148

璀璨【義大利】
莊園五漁村.
烏菲茲遺產美食11日

再送5星好禮

✈ **69,900**
(含稅起)

 IGRP11100

花神【荷比盧法德】
庫勒慕勒雙宮城堡
遊河騎單車10日

第二人折10000

✈ **76,900**
(含稅起)

 IGRP11146

阿爾卑斯007【瑞法】
雙最名峰.黑森林三宮遊河10日

原價89900, 減10000

✈ **79,900**
(含稅起)

詳細行程內容、出發日期及正確報價, 請洽燦星官網。

燦星旅遊
www.startravel.com.tw

Any one！Any time！Any where！ 人是需要旅行的、人是需要支持夢想的

enjoy
100%

www.startravel.com.tw
24小時服務專線(02)8178-3000